Ich liebe Schützen aus der Reihe

Umschlag: Jutta Schneider
Titelbild: Peter Ruge
Satz: Fotosatz Geiß, D-8039 Puchheim
Printed in Italy,
ISBN 3-8231-0758-5

Ich liebe Schützen

von Günter Stein

Illustriert
von Peter Ruge

TOMUS VERLAG MÜNCHEN

0
Viel Vergnügen!

Der Unterhaltungswert der Astrologie ist unbestritten. Selbst all diejenigen, die es für unmöglich erachten, daß bestimmte Konstellationen von Himmelskörpern ihr Schicksal zu beeinflussen vermögen, können sich in der Regel das Vergnügen nicht versagen, ihrem Horoskop gewisse Aufmerksamkeit zu schenken. Schließlich könnte ja doch etwas dran sein an all den Prognosen, die eine Deutung der Zukunft versuchen. Wie bei einer Wettervorhersage. Mit dem Unterschied, daß die Meteorologen es noch schwerer haben, weil ihre Aussage tagtäglich anhand untrüglicher Symptome wie Regen, Sonnenschein oder Schnee überprüft werden kann. Deshalb brauchen sie ein Hochschulstudium.

Astrologen haben keine Chance, mit Hilfe akademischer Weihen ihr Ansehen zu heben und auf diese Weise die Glaubwürdigkeit ihrer Berechnungen zu verbessern. Die Hilfskonstruktionen, mit denen sie ihrer Lehre bestimmte Gesetzmäßigkeiten zu unterstellen versuchen, ähneln zwar denen anerkannter Disziplinen, ernten dennoch nichts als Hohn und Spott.

Und nun erscheint auch noch diese Buchreihe! Astro-Logisches. Astrologische Aussage für Aussage wörtlich genommen. Und persifliert. Eines darf ich Ihnen, der Leserin, dem Leser, versichern, was sonst kein Verleger einer astrologischen Buchreihe tun darf, will er nicht gleich all das, was er publiziert, in Frage stellen:

Kein Wort von dem, was Sie auf den folgenden Seiten lesen, ist wahr. Nur zum Lachen. C.J. Frank

KIKERIKI
KIKERIKI

Inhalt

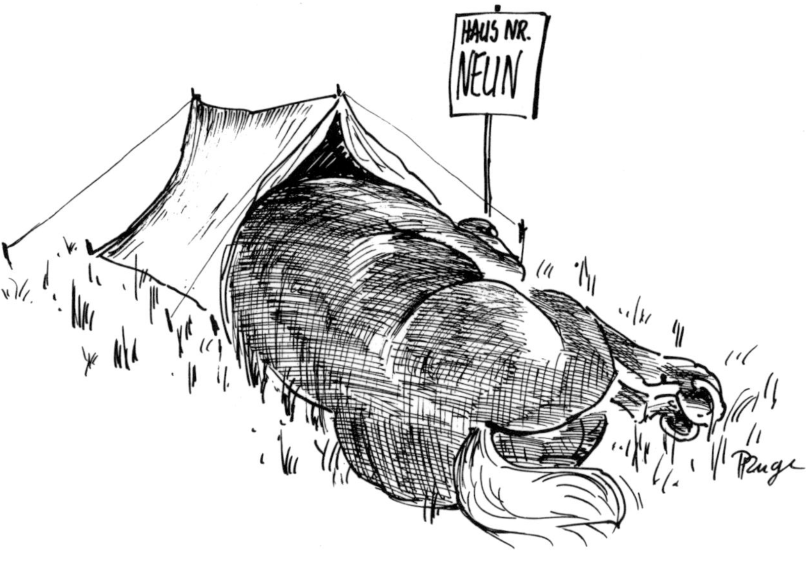
HAUS NR.
NEUN

1
Schlecht gedämpftes Saitenspiel

Die Geburtsstunde der Astrologie liegt irgendwann im 4. Jahrtausend vor unserer Zeitrechnung. Die eigentliche Idee dazu hatte angeblich der Arbeitgeberverband Babylon und Nord-Mesopotamien, um bei Neueinstellungen nicht mehr so oft danebenzugreifen. Denn es passierte immer wieder, daß man einen manuell ungeschickten, aber wortgewandten Mann als Hausmeister einstellte, während er im Außendienst viel nutzbringender gewesen wäre. Dort aber schickte man vielleicht einen großen Schweiger los, der zwar den Kunden einen tropfenden Wasserhahn reparieren konnte, aber nicht in der Lage war, ihnen ein Bauherrenmodell zu verkaufen.

Also kam man auf den Dreh, die Menschen nach ihren Eigenschaften in zwölf Gruppen einzuteilen, und um das etwas übersichtlicher zu machen, gab man jeder ein Symbol, das man der Einfachheit halber an den Himmel setzte, denn das Achtzehneintel-Plakat, wie wir es heute für Zigaretten, Kaffee und Mallorca-Reisen kennen, war damals noch nicht erfunden.

Hausmeister oder Vertreter?

Aber natürlich kommen solche Symbole nicht auf Kommando — auch nicht, wenn der erklärte Auftrag eines einflußreichen Verbandes dahintersteht. Da mußte man sich schon ein bißchen auf den Zufall verlassen. Nach einiger Zeit jedoch waren die zwölf Sternbilder da, der Zodiac durfte vollzählig genannt werden, und nun brauchte man bei Einstellungen nur noch zu wissen, um welches Sternbild es sich bei dem Kandidaten handelte, und schon wußte man, wen man vor sich hatte — einen bescheidenen Hausmeister oder einen alerten Vertreter (heute: Verkaufsrepräsentant).

Über die Entstehung der einzelnen Tierkreiszeichen nun berichtet uns der altägyptische König Nechepso, dessen Geheimschriften peu à peu an den eigenartigsten Orten auftauchen. Das Schütze-Kapitel z. B. fand sich zwischen dem Manuskript einer Radio-Sprecherin, die gerade die aktuelle Rock- und Pop-Stunde ankündigen wollte und die dabei ums Haar den Satz gesagt hätte: »Die Klänge aber waren so fürchterlich, daß sich ringsumher im ganzen Palast die Fenster schlossen.« In letzter Sekunde bemerkte sie das drohende Unheil und war natürlich der Ansicht, daß da ein Blatt aus der Abteilung E-Musik auf ihren Tisch geflattert war, und zwar ein Bericht über die letzten Donaueschinger Musiktage. Also schmiß sie es nicht weg, sondern legte es beiseite, und so wurde dieses wichtige Kapitel aus der Entstehungsgeschichte der Astrologie für die Menschheit gerettet.

John Wayne und Gary Cooper

Dieses Kapitel lautet folgendermaßen:

Zur Zeit des Königs Tiglatplisseekar (zu deutsch: Charles der Erste) gab es im stehenden Heer von Babylon eine Kompanie von Leuten, die man Zentauren nannte. Es handelte sich dabei um eigenartige Geschöpfe, die den Leib eines Pferdes mit dem Oberteil eines Menschen kombinierten. Deshalb waren sie im Kampf außerordentlich brauchbar. Denn nicht nur ihre Reiter konnten um sich schießen, sondern auch sie selbst waren mit Pfeil und Bogen bewaffnet. Das war ungefähr so, wie wenn im Western-Film nicht nur der Cowboy, sondern auch sein Pferd den Colt ziehen könnte, so daß wir in den Genuß von Filmen kämen, in denen John Wayne auf Gary Cooper einen flotten Galopp hinlegt, und beide feuern aus allen Rohren.

In Friedenszeiten aber vertauschten diese rauhen Burschen ihre Waffen mit einem Instrument, vorwiegend der Harfe, und spielten die melancholischen Lieder ihrer fernen Heimat.

Einer dieser Zentauren war dem König als Leibwächter zugeteilt. »Schütze mir den König!« hatte die Königin gesagt, und von da an hatte er seinen Namen weg: Schütze. Man hatte ihn wegen seiner großen Tapferkeit für dieses Amt ausgewählt, aber erst zu spät bemerkt, daß er ein miserabler Harfenspieler war (sonst hätte man ihn zum Grenzschutz versetzt). Und wenn er dienstfrei hatte und die ersten Töne zupfte, machten sämtliche 3000 Palastbedienstete blitzartig alle Fenster zu.

Das schlimme war: man konnte ihm einfach nicht klarmachen, daß er kein exzellenter Musiker war (»Ich und Zabaleta«, pflegte er häufig Gespräche zu eröffnen), und er behauptete immer wieder, himmlische Klänge in sich zu hören, worauf ihm seine Kameraden antworteten: »Warum läßt du dann immer die anderen raus!?« Und einer meinte sogar: »Hör zu, Schütze, mit Pfeil und Bogen bist du ja schon verdammt gefährlich, aber wenn du Musik machst, kannst du ganze Armeen in die Flucht schlagen.

Aber wir würden wahrscheinlich eine Friedensbewegung erzeugen, wenn wir dich als Waffe einsetzen würden.« Doch er hörte nicht auf diese Worte.

Carmenfantasie auf Harfe

Eines Tages begleitete er wieder mal den König auf einer Dienstreise, und als sie abends in der U-Bahn nach Hause fuhren, sahen sie sich plötzlich einer Gruppe von Rockern gegenüber, die Messer und Fahrradketten trugen und sich anschickten, dem König eins überzuziehen. Schütze griff sofort nach Pfeil und Bogen ... doch ach: Es stellte sich heraus, daß er nicht seine Waffen, sondern nur seine kleine Reiseharfe dabei hatte. Weil aber keine Zeit war für langes Überlegen, schnappte er sich das Instrument und begann mit kräftigem Zupf die Carmenfantasie zu spielen. »Der Kunst muß auch solch niederes Rowdytum seinen Tribut an Achtung zollen«, dachte er, denn seine hochgesinnte Seele glaubte an die Macht der Klänge.

In der Tat: Kaum hatte er dem Instrument die ersten Takte des Torero-Lieds entlockt, da erbleichten die Angreifer und schreckten zurück. Und als er zu ›Ja, die Liebe hat bunte Flügel‹ überwechselte, da ließen sie ihre Totschläger fallen und stürzten davon. Auch der König war ohnmächtig geworden, was Schütze dem Schrecken zuschrieb, aber er kam schnell wieder zu sich, als sein Leibwächter das Instrument zur Seite legte und den Flachmann hervorholte.

Natürlich sprach sich der Vorfall herum, und überall lobte man Schützes mutiges Eingreifen.

Dieser war natürlich durch das Erlebnis in seinem Glauben an die alles überwindende Macht der Musik, besonders wenn er sie spielte, mehr als bestätigt worden. Aber auch dem König fiel es schwer, seinen Lebensretter zu kränken, indem er dessen Musik »schreckenerregend« nannte — schließlich hat jemand, der einen nachts in einer leeren U-Bahn vor Rockern geschützt hat, ein Recht auf taktvolle Behandlung.

Tanz auf den Tischen

So überlegte man denn am Hofe hin und her, wie man Schütze sowohl ehren als auch außer Hörweite bringen konnte (»So eine Gelegenheit kriegen wir so schnell nicht wieder!«, war die einhellige Ansicht). Endlich fiel einem der Ratgeber des Königs eine Lösung ein, bei der alle vor Begeisterung auf den Tischen tanzten und die der König seinem Leibwächter wie folgt verkaufte:

»Hör zu«, sagte er gleisnerisch, »du hast mir aus schlimmer Not geholfen, und dafür bin ich dir unendlich dankbar. Wir haben deshalb lange nachgedacht, wie wir dich angemessen ehren können, und sind dabei auf eine großartige Idee gekommen: Wir tun dich als Sternbild an den Himmel. Und zwar für die nächsten fünf bis zehn Milliarden Jahre. Eine größere Ehre kann keinem Sterblichen widerfahren, gib's zu! Du nimmst bitte schön deine Harfe mit oder auch Pfeil und Bogen oder am besten beides, und wenn dir danach ist, spielst du, und wenn dir nach Schießen ist, schießt du. Na, ok?«

Schütze, blind wie alle von sich Überzeugten, witterte kein einziges Haar in der Suppe, sondern war begeistert. »Um Euretwillen, großer Tiglatplisseekar, ich gehe, wohin Ihr mich denn schicket!«

»Das ist lieb von dir«, meinte der König, »ich wußte ja, daß ich mich auf dich verlassen kann.«

Die Astrologen entdeckten natürlich das neue Sternbild sofort, und einer sagte: »Schau mal, ist das nicht Schütze? Wenn er auch schlimm gespielt hat, so war er doch ein guter Kerl. Er hätte das Zeug zu einem großen Musiker gehabt, wenn er das Zeug dazu gehabt hätte. Und man sollte nur Gutes über ihn sagen. Ich würde mal Begeisterung für ihn notieren — keiner konnte sich ja für sein Spiel so sehr begeistern wie er —, dazu Tapferkeit und edle Gesinnung. Naja, tun wir noch Drang nach Erkenntnis dazu — es muß ja nicht unbedingt Selbsterkenntnis sein —, dann hätten wir endlich auch diese Eigenschaften vom Tisch. Ehrlich: Es macht Spaß, von ihm zu reden, wenn man ihn nicht hören muß. Leg doch einer mal einen Mozart auf!«

2
Mein lieber Schwan!

Der Winter steht zwar offiziell noch vor der Tür, wenn der Mensch als Schütze auf die Welt kommt, in Wahrheit aber befindet er sich schon mittendrin im Zimmer, schlägt sich den Schnee vom Mantel und sagt: »Nachher dürft ihr wieder die Straße fegen und Sand streuen, denn diese Woche seid ihr ja dran. Und wie ich mich kenne, bleibe ich jetzt auch erstmal noch 'ne Weile hier, schließlich wollt ihr ja weiße Weihnachten, ja? Und wenn ich's mal zwischendurch tauen lasse, dann natürlich immer nur dann, wenn eure Nachbarn die Kehrwoche haben. Aber das wißt ihr ja noch aus den vergangenen Jahren.«

Also spricht der Winter, läßt den eisigen Nordwind durch die Fensterritzen pfeifen, verbietet den

Autos das Anspringen und freut sich über das totale Verkehrschaos, das sein Erscheinen jedesmal verursacht. »Immer wenn ich auftrete«, sagt er lachend und schlägt sich die Hände warm, »spielen alle verrückt, kommen nicht mehr den Berg hoch, stellen sich quer, und alles bricht zusammen. Ein toller Anblick, jedesmal wieder.« Und so kann man verstehen, daß sich der Winter immer wieder auf den Winter freut.

Stundenlang im Stau

Für den Menschen aber bedeutet es: die weite Welt der Idee, der kein Vordermann den Weg verstellt. Denn wenn der Mensch nun, Ende November und weit in den Dezember hinein, stundenlang im Stau steht, bleibt ihm nur die freie Welt des Geistes. Großartiger Visionen ist dieser Mensch fähig: Nach einer Viertelstunde im Stau träumt er von autofreien Tagen, an denen nur er im Wagen unterwegs sein darf, von der fernen tropischen Insel in der Südsee, die noch nie einen Schneesturm gesehen hat, und das Paradies ist für ihn eine unendlich lange Allee, völlig leer und mit permanenter grüner Welle.

Nach einer halben Stunde Stillstand erwürgt er im Geist bereits genießerisch den Schuldigen, der mit seinen abgefahrenen Sommerreifen an dem einzigen Hügel der Stadt hängengeblieben ist und alle anderen blockiert. Danach geht er zu weiteren Todesarten über und vertieft sich in die Quälereien, die er dem Schuldigen angedeihen lassen wird, in dem er einen mittelalten, bebrillten Mann von tapsiger Hilflosigkeit vermutet. Später dann erweitert er den Kreis seiner Wunschopfer, bis er zum Schluß im Geiste die ganze Menschheit ausrottet — erst den autofahrenden Teil, dann den Rest.

Man erkennt daraus den Zug ins Große, der dem Schützen eigen ist: Zunächst ist der kleine, einzelne Verursacher des Staus sein Ziel. Er sieht sich als Vorkämpfer für alle anderen, die ebenso leiden müssen wie er. Doch dann, nunmehr ganz menschheitsumspannender Idealist, sieht er die angeborene Schuld in jedem von uns, und entsprechend umfassend und total werden seine Haßgefühle.

In der astrologischen Entwicklungsgeschichte der Menschheit, die mit dem nomadisierenden Neandertaler und Faustkeilschwinger Widder beginnt, im Generaldirektor Prof. Dr. Löwe einen Höhepunkt findet und über den humorlosen Bilanzbuchhalter Jungfrau wieder abwärts führt, befinden wir uns nun, nach dem Unheil witternden Skorpion, an dem Punkt, wo uns die Nachteile der Realität zum Hals heraus hängen — im winterlichen Autostau gefangen, entfernen wir uns aus dem irdischen Gefängnis der sogenannten Sachzwänge, lassen die Karre stehen und gehen zu Fuß unter dem kalten Winterhimmel, immer auf der Suche nach dem fernen Ziel unserer Sehnsucht: dem heimeligen Försterhaus hinter den Tannen und dem vertrauensvoll äugenden Reh.

Luft des Jenseitigen

Zwar versucht uns die Wirklichkeit zurückzulocken, indem sie das helle adventselige Licht der Gratifikation leuchten läßt und die großen Kulturgüter, wie Colliers, Pelzmäntel, Joy-Parfum und die weihnachtliche Karibik-Kreuzfahrt auf der MS Astor, vor uns ausbreitet — aber wir haben die kühle und klare Luft des Jenseitigen geschnuppert, und kein anderer hat deshalb ein solches Faible für die realitätsüberwindende große Idee wie der Schütze. Der Widder würde höchstens sagen: »Was heißt hier große Idee! Wie groß denn? Zwo zehn? Hau i au zamm!« Der Stier würde sie sofort zu Geld machen, indem er eine Anzeige aufgibt: »Große Idee abzugeben, neuwertig und mit Garantie. Statt 12 Mark 50 — jetzt nur 15 Mark. Zugreifen!« Der Zwilling wiederum hat gerade gestern im *Stern* gelesen, daß große Ideen bei intimer Berührung ansteckend sein können, und geht ihnen demzufolge aus dem Weg, bis er im *Spiegel* das Gegenteil liest. Und der Krebs hat grundsätzlich Mitleid mit der großen Idee, weil er sich vorstellt, wie sie früher in der Schule von den anderen ausgelacht wurde.

Zu kleiner Kofferraum

Der Löwe ist von der großen Idee unbeeindruckt, beispielsweise weil er selbst heute früh erst eine hatte, als ihm nämlich einfiel, nicht über den Hohenzollernring zu fahren, sondern die Abkürzung über die Leibnizstraße zu nehmen. Die Jungfrau lehnt große Ideen ab, weil man »die niemals in den Kofferraum kriegt«, und die Waage interessiert sich für große Ideen nur, wenn sie auch schön sind, was aber »bei einer Idee über eins-achtzig kaum möglich ist, weil die immer so unproportioniert sind«. Der Skorpion mißtraut der großen Idee, weil er meint, daß eine wirklich große Idee es gar nicht nötig habe, groß zu sein. Der Steinbock seinerseits läßt sich von großen Ideen sowieso nicht beeindrucken und besteht auf »alten Ideen, wenigstens 75, sonst können sie nicht überzeugend sein«, und der Wassermann spielt gern mit Ideen, und deshalb ist die große nicht passend, und drei, vier kleinere, die handlicher sind, mag er lieber. Der Fisch schließlich, der alles übers Gemüt beurteilt, steht sowieso viel mehr auf kleine, mollige Ideen, die Wärme und Gemütlichkeit verbreiten, und läßt die Finger von »diesen großen Dingern, die immer so kalt auf einen herabsehen«.

Und nur der Schütze liebt die große Idee und weiß sie zu schätzen, weil die »einfach mehr hermacht als diese putzigen Einfallswinzlinge, die das Fernsehen immer zu Serien verfilmen läßt«, wie er verächtlich meint.

Immer gute Laune

Für diesen Zug ins Große beim Schützen ist Jupiter verantwortlich, der sich als Göttervater und König im Olymp ohnehin nie mit Kleinigkeiten abgab. Er war einer jener absoluten Herrscher, die wissen, daß sie jeder Laune unbehelligt nachgehen dürfen, und die deshalb auch immer gute Laune haben. Denn wer zu seinen Freundinnen als Goldregen, Wolke oder Schwan kommen darf und dennoch keine Abfuhr hinnehmen muß, wie dies unsereinem passieren würde, sondern sogar noch mit dem freudig erregten Ausruf »Mein lieber Schwan!« begrüßt wird, der hat allen Grund, mit seinem Schicksal zufrieden zu sein.

Natürlich hatte er hin und wieder Streit mit seiner Frau Juno, aber auch dagegen hatte er ein gutes Mittel: Wenn sie ihm Vorwürfe machte, brauchte er nur zu sagen: »Vergiß bitte nicht, daß du meine Schwester bist. Wenn ich das weitersage, kommst du ganz schön ins Gerede!« Da mußte sie dann wohl oder übel schweigen, und Jupiter machte sich wieder vergnügt auf den Weg — diesmal vielleicht als Amphitryon.

Jupiter heißt übrigens auf griechisch »Zeus«, auf amerikanisch »Mr. President« und auf deutsch »Jawohl, Herr Intendant«, ist der größte der Planeten und trägt einen schönen Vollbart, der geölt und gekräuselt ist. Allerdings trägt er ihn nur, wenn er als Planet am Himmel steht — wenn er als Schwan unterwegs ist, ist er meistens glatt rasiert, weil, wie er selbst mal sagte, »ein Schwan mit Vollbart einfach albern aussieht, und da hat man bei den Frauen viel zuviel Arbeit!«

3
Die Besonderheiten des Schützen

Die Begeisterungsfähigkeit des Schützen sowie sein Bedürfnis, sich möglichst hohe Ziele zu setzen, zeigen sich auch im Sport, z. B. wenn er Fußballspieler wird. »Wir sollten in diesem Spiel zehn Tore machen«, meint er vor dem Anpfiff, »denn wir brauchen ja nicht nur zwei Punkte, sondern müssen auch was für unser Torverhältnis tun.« Während des Spiels versucht er natürlich alles, um dieses hochgesteckte Ziel zu erreichen, doch nur zu oft schießt der Schütze-Stürmer lediglich ein Tor. Das aber kann ihn nicht irritieren. »Gut«, sagt er, »wir haben nicht erreicht, was wir uns vorgenommen haben, aber immerhin haben wir 10 % bekommen: statt 10 Tore nur 1. Hätten wir uns aber von vornherein nur mit einem zufrieden gegeben, so hätten wir auch nur

10 % bekommen, das wären also 0,1 Tore — meint ihr, daß so was ein Schiedsrichter gepfiffen hätte?«

Überhaupt ist sein Optimismus außerordentlich stimulierend, denn auch wenn seine Mannschaft zur Pause weit hinten liegt, sieht er keinen Anlaß zur Verzweiflung. »In der zweiten Hälfte kann das Spiel schon ganz anders aussehen. Völler kann sich die Haxen brechen — er muß nur mal neben den Ball ins Gras treten, und wenn sich bei Sigurvinsson wieder die alte Leistenzerrung bemerkbar macht, die er mit sieben Jahren mal hatte, dann stehen die ganz schön dumm da. Das wäre Punkt eins. Punkt zwei: Wir müssen jetzt wenigstens *einmal* über die Mittellinie kommen. In den ersten 45 Minuten sind wir ja nur im eigenen Strafraum gewesen, und Schumacher im anderen Tor hat die ganze Zeit über mit zwei Bildreportern an der Eckfahne Skat gespielt.

Blöde Regeln

Und wie ich gerade gehört habe, will er in der zweiten Halbzeit hinterm Tor Würstchen grillen — das ist *die* Gelegenheit. Wir brauchen nur zwei, drei Torchancen, und wenn wir aus jeder auch nur ein Tor machen, dann sind das schon drei, und dann sieht das Ergebnis nicht mehr ganz so schlimm aus — neunzehn oder zwanzig zu null, wie es jetzt steht, das ist ja deprimierend. Aber das liegt, wie gesagt, nur daran, daß wir bisher keine Torchance hatten.

Und das werden wir jetzt mal ganz einfach lösen: »Du«, er wendet sich an den stämmigen Mittelstürmer, »du kommst etwas später aufs Spielfeld und tust so, als wärest du der Platzwart. Gehst ganz unauffällig vors Tor vom Schumacher, schmeißt dann die Verkleidung ab, ich gebe einen langen Paß, und du knallst unhaltbar rein. Das wäre dann schon mal das erste Tor ... Wieso geht das nicht? Ach, das ist Abseits? Verdammt, die mit ihren blöden Regeln machen einem den ganzen Spielaufbau kaputt!«

Jupiter, der Beherrscher des Schützen, war auch oberster und gerechter Richter, der dem Schuldigen Blitze aufs Haupt schleuderte und den Unschuldigen mit einem aufmunternden Klaps davongehen ließ. Heute ist das, wie man weiß, genau umgekehrt. So hat also auch der Schütze ein starkes Gefühl für Recht und Unrecht, und das bedeutet natürlich, daß er nur sehr selten Richter oder Anwalt wird. Sollte er sich dennoch der Jurisprudenz zuwenden (vielleicht, weil dieser Beruf in der Familie erblich ist), so hat er aber seine eigene Methode der Urteilsfindung auch in schwierigen Fällen. Der Widder wird beide Parteien gegeneinander

boxen lassen. »Da die Gerechtigkeit angeblich siegt«, pflegt er zu sagen, »kann man den Satz auch umdrehen und sagen: Wer siegt, hat recht.« Der Stier wird sich am Vermögen orientieren. »Wer das dickste Konto hat«, meint er, »kann kein Verbrecher sein, denn er hat ja keinen Grund dazu. Vielleicht hat er früher mal ein krummes Ding gedreht, um zu seinem dicken Konto zu kommen, aber das ist heute nicht unser Thema.« Der Zwilling ist mit seinem Part nicht ausgelastet und übernimmt gern die Rollen des Richters, des Staatsanwalts und des Verteidigers in Personalunion, kommt aber durcheinander, so daß er als Richter die Anklage vertritt, als Staatsanwalt verteidigt und als Verteidiger das Urteil spricht. In diesem Fall hat der Angeklagte Glück gehabt, aber schon bei der nächsten Verhandlung kann das ganz anders sein, und dann spricht er vielleicht als Staatsanwalt das Urteil.

Schlechter Charakter

Der Krebs wiederum hat ganz andere Probleme: Da er einen starken Abscheu vor schlechten Charakteren hat, neigt er dazu, den Unangenehmeren der beiden, die als Kläger und Beklagter vor ihm stehen, für schuldig zu erklären. Damit hätte er zwar recht, aber er muß zu seinem Schrecken erkennen, daß das Gesetz ganz anderer Ansicht ist, so daß er in Depressionen verfällt. Beim Löwen ist es einfach: Wer

sich vor ihm niederwirft und sagt: »Ich bin nicht wert, in Euer Ehren edles Antlitz zu schauen«, wird sofort freigesprochen, während der, der lediglich aufsteht, umweglos für zehn Jahre hinter Gitter kommt. Die Jungfrau ist da kritischer — sie orientiert sich am Äußeren und achtet vor allem darauf, daß die Krawatten richtig gebunden sind. »Wer seine Krawatte ordentlich bindet«, meint sie, »muß ein ordentlicher Mensch sein, und ordentliche Menschen werden nicht zu Verbrechern.«

Alle Menschen sind schuldig

Die Waage hat es schwer aufgrund ihres großen Harmoniebedürfnisses. »Spreche ich beide frei«, sagt sie sich, »so stelle ich den Schuldigen mit dem Unschuldigen gleich, was nicht richtig ist. Verurteile ich aber beide, so behandele ich den Unschuldigen wie den Schuldigen, was auch nicht angeht. Am besten, ich gebe den Fall ab und übernehme eine Verhandlung, wo beide unschuldig sind.« Ganz anders der Skorpion. Er will auf jeden Fall verurteilen. »Alle Menschen sind im Grunde schuldig, und solche, die vor Gericht stehen, auf jeden Fall — der eine mehr, der andere weniger. Der weniger Schuldige sollte fünf Jahre kriegen, der etwas mehr Schuldige zehn Jahre. Da ich nicht weiß, wer hier wer ist, nehme ich einen Mittelwert und verurteile beide zu siebeneinhalb Jahren. Die Sitzung ist geschlossen.«

Der mißtrauische Steinbock traut grundsätzlich keinem. »Weiß ich, ob der Unschuldige wirklich unschuldig ist? Und wer sagt mir, ob der Schuldige dies wirklich ist! Also verurteile ich mal vorsichtshalber den Unschuldigen und spreche den Schuldigen nicht frei.« Der originelle Wassermann, der immer wieder für Überraschungen gut ist, eröffnet die Verhandlung mit den Worten: »Beide Parteien

können nach Hause gehen. Heute nehmen wir mal die Zeugen fest und lassen die Sachverständigen das Urteil sprechen.« Der romantische und tiefempfindende Fisch hingegen spricht den Unschuldigen frei und sagt zu dem Täter: »Ich verbanne dich auf eine einsame Insel — mitten in der Südsee, mit Kokospalmen und nackten Polynesierinnen, damit du über deine Verbrechen nachdenken kannst, du menschliches Scheusal!« Daraufhin geht der Freigesprochene sofort in die Berufung und will auch schuldig gesprochen werden.

Der Schütze aber gibt zwei Zettel in einen Hut und bittet beide Parteien, je einen zu ziehen. »So hat das Recht«, meint er verschmitzt, »wenigstens eine 50%-Chance, und das ist ja schon mal unendlich viel mehr als bei der üblichen Methode, wo es bekanntlich gar keine hat.«

Lachsersatz mit Zwiebel

Großes leistet der Schütze auch in der Welt des reinen Gedankens, also in der Philosophie. Hier ist er für Systeme bekannt, die sich mit dem Verhalten des Menschen befassen, um ein Leben in Zufriedenheit zu führen. Doch kann ihm dabei seine innere Zerrissenheit schwer zu schaffen machen, so daß er von einer Lehre in die andere taumelt. Abends z. B., ab *Tagesschau*, neigt er zu ungezügeltem Epikuräertum und will ungezügelten Genuß. »Bier muß auf den Tisch«, fordert er dann, »und dazu Hering in Tomatensoße oder Lachsersatz mit Zwiebel. Und dazu *Dalli Dalli* und *Fernsehballett* und auf dem anderen Apparat *Dallas* und *Tatort*. Und gegen zwölf laßt uns noch eine Flasche Rüttgers aufmachen und das Literaturmagazin anschauen!« Am nächsten Morgen dann kann er mit dem gleichen Engagement der spartanischen Lehre des Franziskus verfallen. »Nur etwas Wasser«, sagte er dann demütig flüsternd, »und ein trockenes Brötchen, und bitte, bitte nicht die Sonne hereinlassen. Ach, wir müssen uns nun mal mit allem abfinden, was uns das Leben bringt, und die Stoa ist die einzige wahre Lebenshaltung.«

So ist er nun mal — in jeder Lebenslage ein Philosoph.

4
Ein Schütze-Leben

Klaus Peng wurde an einem 5. Dezember geboren. Kaum war er auf der Welt, als ihn diese Tatsache auch schon zu tiefsinnigen Überlegungen anregte, und er verwickelte die Säuglingsschwestern in anstrengende Diskussionen über die wahre Wesenheit des Menschen, die für ihn in der Alternative gipfelte: sterbliche Materie oder unsterblicher Geist? »Ist der Mensch«, so versuchte er seine Erkenntnisse zu verdeutlichen, »nur Schale, oder ist er Schale mit Inhalt? Ist er also nur ein mit Zwergen und Glückskäfern bemalter Teller mit Warmhaltevorrichtung, oder ist er ein solcher Teller, aber mit Milupa-Karottenbrei? Trifft ersteres zu, so ist allein der Teller das wichtige, im zweiten Fall aber ist der Teller unwichtig, da nur äußere Form, und nur der Inhalt von Bedeutung, der sich aber jederzeit einer anderen Form bedienen könnte — was letztlich die ganze Diskussion um den § 218 auf eine neue Ebene stellt.«

Die Schwestern hörten ihm fasziniert zu und vernachlässigten darüber ihre Pflichten, so daß die Oberin wütend dazwischenfuhr und Peng mit scharfen Worten klarmachte, daß er gefälligst nicht den ganzen Tag so herumbrüllen solle, und außerdem würde seine Theorie auf diese Klinik sowieso nicht zutreffen, denn »wir füttern hier nur Alete!«

Fernweh mit zwei Jahren

Immerhin: Als Pengs Mutter mit ihrem Neugeborenen nach Hause ging, hatten fünf Schwestern in der Volkshochschule den Kurs »Abendländische Philosophie, Erster Teil: Die alten Griechen« belegt, und eine davon nahm an einer Fernsehdiskussion zum Thema »Abtreibung auf Krankenschein?« teil, wo sie mit ihrer Äußerung: »Wenn der Mensch nur ein bemalter Teller ist, dann bin ich gegen jede Indikation, wenn er aber Teller mit Karottenbrei ist, dann kann ihm keine Indikation etwas ausmachen, weil er sich dann einfach einen neuen Teller sucht« einiges Aufsehen erregte.

Früh schon zeigte sich Pengs Fernweh, und im Alter von zwei Jahren erwischte man ihn in letzter Minute am Flughafen, wo seine Maschine bereits aufgerufen war. »Ich möchte ARD-Korrespondent im Nahen Osten werden«, bekannte er, »aber ich nehme auch die Philippinen oder Washington.«

Um weitere Zwischenfälle dieser Art zu vermeiden, gab man ihn in den Kindergarten, was ihn zunächst begeisterte, später aber enttäuschte, als er sah, daß sich dieser nicht im Libanon befand, sondern nur in der Libanonstraße.

Im Kindergarten selbst langweilten ihn die Spiele mit Klötzchen und Stofftieren ziemlich rasch, und er begann, sich mit einer neben ihm sitzenden Dreijährigen zu unterhalten, die ihm begeistert von dem Streifen ›Der kleine Seeräuber‹ aus der Serie Sandmännchen erzählte. Peng stieg sofort in das Thema ein, warnte die Kleine grundsätzlich vor deutschen Schauspielern, auch wenn diese als Puppen verkleidet seien, und regte an, statt dessen lieber Bruckners 8. Symphonie anzuhören, da diese kulturell viel höher stünde und außerdem fast zwei Stunden dauere, so daß man »alles in allem mehr davon hat«. Dies war ein unheilvoller Rat, denn noch im Alter von fast 60 sagte das Mädchen — inzwischen Großmutter und mit einem Herrn Frederking verheiratet —, sie habe ihr Leben lang versucht, sich in das Werk Bruckners einzuhören, aber heute müsse

sie sagen, daß ihr der ›Kleine Seeräuber‹ doch im Grunde lieber gewesen sei. So reihte sich Hanna Frederking frühzeitig in die Schar der Frauen ein, denen die Begegnung mit Klaus Peng kein Glück gebracht hat.

Kaukasischer Kreidegreis

In der Schule standen Pengs hohe Ziele diesem selbst häufig im Weg. Er vernachlässigte die einfachen Grundrechnungsarten, die ihm zu simpel erschienen, und widmete sich den Problemen der sphärischen Trigonometrie. Zwar bekam er sie nie richtig in Griff, aber er meinte, es sei besser, an Großem zu scheitern, als bei Niedrigem Erfolg zu haben. Doch häufig hatte er noch nicht mal das, aber er baute auf sein Glück, das schon dafür sorgen werde, daß das Heft mit der letzten Mathematikarbeit verlorenginge oder das Haus des Lehrers abbrenne bzw. dieser selbst zum Zigarettenautomaten gehe und nicht mehr wiederkomme, »wie dies jeden Tag x-mal passiert.«

Neben seinem Optimismus schätzte man seinen Humor, der ihm die Ideen eingab, den Schulleiter, der heimlich zur Flasche griff, »spiritus rektor« zu nennen, den Klassenlehrer, einen ältlichen Herrn mit östlichem Akzent, als »kaukasischen Kreidegreis« zu bezeichnen und »ora et labora« sehr frei mit »bete in der Dunkelkammer« zu übersetzen.

Als er gegen das Abitur antrat, überfiel er die Prüfungskommission sofort mit der Behauptung: »Wie auch immer Ihre Entscheidung ausfallen mag, ich werde das Zimmer in jedem Fall als Sieger oder Verlierer verlassen. Wobei noch keineswegs ausgemacht ist, ob Sie darauf einen Einfluß nehmen können. Denn niemand kann mir verbieten, in Ihren Augen nicht zu bestehen und dennoch den Sieg errungen zu haben. Denn nicht, was Sie in Ihrem Sprachgebrauch als Sieg bezeichnen, ist entscheidend, sondern wie die Natur des Menschen sich gegenüber einem System behauptet, dessen einzige Methode im Zusammenzählen besteht.«

Als er nach der Prüfung erfuhr, daß er gesiegt hatte, wollte er sich zunächst überschwenglich bedanken, bis er darauf kam, daß er durchgefallen war.

Nur kein Philosoph!

Dennoch ließ er sich davon nicht beeindrucken, sondern schrieb sich an der Universität als Gasthörer ein, und zwar bei der philosophischen Fakultät, weil dort noch am meisten Platz war. Sein Vater zeigte sich wenig begeistert, denn er hatte sich gewünscht, sein Sohn möge »Arzt, Anwalt oder Steuerberater werden«, da dies die einzigen Berufe seien, auf die man im Leben regelmäßig zurückkommen müsse. »Was hat man dagegen von einem Philosophen«,

fragte er ergrimmt. »Wenn man da mit Bauchschmerzen im Bett liegt, einem von seinem Vermieter gekündigt wurde oder man vom Finanzamt geschröpft werden soll, kann er einem nur die Hand halten und einem die vierfache Wurzel des Satzes vom zureichenden Grunde erklären, aber wen interessiert das schon!«

Ungeachtet der väterlichen Einwände befaßte sich Peng mit den großen Fragen: Wer sind wir, woher kommen wir, wohin gehen wir?, und da der Vater aus Enttäuschung den monatlichen Scheck klein hielt, beantwortete er sie, indem er behauptete, der Mensch sei ein »ekelerregendes Gewürm, das aus dem widerwärtigen Kot der Vergangenheit in den schmutzigen Abgrund der Zukunft« krieche, woraufhin er von zu Hause einen wütenden Brief erhielt, in dem man ihm mitteilte, die ganze Nachbarschaft würde über die Familie herziehen, denn »daß wir so was sind, hat keiner von uns gedacht«.

Pengs Weltbild besserte sich durch puren Zufall: Er lernte die einzige Tochter eines vermögenden Brauereibesitzers kennen, lebte mit ihr in einem schmucken Bungalow und hatte einen Porsche zur freien Verfügung. Sofort schrieb er ein zweites Werk, in welchem er den Menschen als ein »göttliches Wesen mit hoher Moral und dem unverkennbaren Drang zur Höherentwicklung« bezeichnete, dessen Sinn es sei, aus dem glanzvollen Dunkel einer mythischen Vergangenheit in das strahlende Licht einer von höchster Geistigkeit erfüllten Zukunft zu treten. In seinem neuen Hauptwerk »Der Mensch — ein Glückspilz?« beantwortete er die alten Grundsatzfragen mit: »Wir sind allemal Kämpfer, die dazu verurteilt sind, um einen Parkplatz auf der Via Veneto zu ringen, und wir kommen von den Bahamas, um nach Salzburg zu gehen, und aus all dem müssen wir das Beste zu machen versuchen.«

Öffentliche Verbrennung

Dieses Werk wurde sofort von der Frankfurter Schule erbittert angegriffen und von aufgebrachten Studenten vor dem amerikanischen Generalkonsulat in der Siesmayerstraße öffentlich verbrannt.

Doch in der breiten Öffentlichkeit machte es seinen Autor berühmt, und als es unter dem Titel »Traumurlaub« ins Fernsehen kam, erhielt Peng die Goldene Kamera sowie den Friedenspreis des Deutschen Buchhandels.

Gäste am Abend

In seinen späten Jahren nahm Peng noch einmal ein großes Projekt in Angriff und äußerte gegenüber seiner Frau, er werde nunmehr den Sinn des Lebens suchen, worauf diese ihm aus dem Ankleidezimmer zurief, er möge halt seine Sachen nicht immer verlegen. Als er gereizt antwortete, es handele sich hier nicht um eine Sache, die man verlegen könne, sondern die man immer wieder suchen müsse, und zwar »draußen in der Welt und im Leben«, und er werde sich jetzt hierzu aufmachen, da meinte sie, er möge aber rechtzeitig zurück sein, da am Abend Gäste kämen, und vielleicht könne er noch eine Stange Marlboro mitbringen.

Peng überlegte sich, ob er der Stimme seines Inneren folgen und in die Welt gehen solle oder ob es besser sei, sich den Schlägen des Lebens zu fügen und bei einer Frau zu bleiben, die ihn zwar nicht verstand, aber über einige Millionen verfügte, und er entschied sich nach einer hunderttausendstel Sekunde verzweifelten inneren Ringens für die zweite Lösung. Wenn man über 50 ist, muß man seine eigenen

Interessen zurückstellen, sagte er sich, das ist nun mal das Leben.

Klaus Peng starb hochbetagt und legte sein Alterswerk, die »Ideenlehre« in die Hände seiner Frau, die es einer interessierten Öffentlichkeit unter dem Titel »1000 Geschenkideen zu Weihnachten für Sie und Ihn« in einer bekannten Frauenzeitschrift zugänglich machte.

5
Der Schütze und die Liebe

Vielleicht treffen Sie ihn zum erstenmal, wenn er sein Pferd an eine Parkuhr bindet und Sie um 20 Pfennig bittet, da er wie immer kein Geld oder zumindest kein Kleingeld hat. Oder Sie kommen mit ihm ins Gespräch, weil sein Dart-Pfeil in Ihrem gegelten Punk-Haar hängen bleibt, so daß er Ihnen sanft darüberstreicht und freundlich sagt: »Naja, nach einer Nacht voller Zärtlichkeit mit Ihnen muß man ja anschließend wohl auch ganz schön zum Hautarzt.«

Sie lachen, obwohl Sie den Witz nicht verstanden haben, und wenn Sie ihn verstanden haben, sind Sie auch nicht so ganz sicher, ob Lachen angebracht ist, aber Sie lächeln erst mal zurück, und das ist bereits Ihr erster Fehler.

Ein Schütze nämlich, der auch nur einmal Freundlichkeit gespürt hat, ist wie ein Haifisch, der ein Blutmolekül im Meerwasser schmeckt. Denn in seinem grenzenlosen und naiven Optimismus glaubt er von jeder Frau, die ihm zulächelt, daß sie ihm auch verfallen ist, so daß der weitere Verlauf des Abends eigentlich keinerlei Imponderabilien mehr zuläßt. Im Gegenteil: eine winzige Sorgenfalte mag auf seiner Stirn erscheinen, die für Sekunden seine Gedanken widerspiegelt. Die hat mir zugelächelt, so lauten diese Gedanken, wie werde ich sie nur wieder los?

Gottes zuverlässige Hand

Sorgfältig pult er den Pfeil aus Ihrer Frisur. »Das hätte ganz schön ins Auge gehen können«, meint er vorwurfsvoll, »wie kommen Sie leichtfertiges Wesen auch dazu, so einfach mitten durch meine Schußlinie zu laufen? Wenn ich in letzter Sekunde nicht blitzschnell noch den Arm hochgerissen hätte« — wohlgefällig betrachtet er Ihre Oberweite —, »wer weiß, was da noch passiert wäre. Aber andererseits: Wie hätte ich Sie sonst kennenlernen sollen — irgendwie hat da der liebe Gott seine zuverlässige Hand im Spiel. Darf ich sagen, daß ich Sie wahnsinnig aufregend finde? Die Gelegenheit sollten wir uns nicht entgehen lassen — kommen Sie mit mir nach Hause?«

Na, das geht denn doch zu weit! Kaum kennen Sie ihn, und schon geht er dergestalt aufs Ganze. Sind Sie etwa so eine? Natürlich sind Sie es nicht! Und das geben Sie ihm auch ganz klar zu verstehen, mit einem begleitenden Blick aus purem Gletschereis.

Er ist ein bißchen verwirrt über Ihre Reaktion. »Ach«, sagt er, mit einem deutlichen Unterton von Bedauern, »und ich dachte schon, wir passen so gut zusammen. Wie schade, daß Sie sich so überhaupt nichts aus mir machen, wo ich Sie umgekehrt doch so nett finde.«

Der hat das Gletschereis im Blick überhaupt nicht bemerkt!

Aber natürlich wollen Sie seine voreilig gezogene Konsequenz auch nicht so im Raum stehen lassen. »Nein, nein«, schränken Sie ein, »so habe ich das nicht gemeint. Nur geht mir das alles etwas zu schnell, ich meine, wir kennen uns doch kaum.«

Er lächelt naiv zurück. »Na und, dann wird es doch die allerhöchste Zeit, daß wir uns kennenlernen. Und wo könnten wir das besser als da, wo wir allein und ungestört sind! Außerdem habe ich kürzlich in einer Frauenzeitschrift gelesen, daß die erotischen Grundmuster bei Mann und Frau völlig identisch seien. Früher haben ja die Männer immer geglaubt — ich übrigens auch! —, daß das weibliche Verlangen schwächer entwickelt sei. Frauen, so dachte man, brauchen mehr Bedenkzeit, weil bei ihnen tiefe seelische Vorgänge stattfinden — im Gegensatz zum Mann, der in dieser Beziehung etwas oberflächlicher und — naja — triebhafter sei. Und nun schreiben die, daß das alles ein Riesenirrtum ist — tiefster Chauvinismus sogar. Frauen seien nicht die Bohne anders, und von der Notwendigkeit tiefer Gefühle könne keine Rede sein. Also ich finde das fantastisch — endlich kann man ehrlich zueinander sein! Stellen Sie sich nur vor, welche sinnlosen Rituale man sich da in Zukunft ersparen kann. Man muß sich nur noch nett finden, und der Abend ist gerettet.«

Ökologische Probleme

Dagegen kann man nicht viel sagen. Prinzipiell hat die Zeitschrift ja recht, die er da zitiert. Auch Sie haben das immer wieder gesagt. Aber was sollen Sie jetzt tun — mitgehen oder den Feministinnen in den Rücken fallen?

»Na schön«, blocken Sie zunächst mal ab, »darüber kann man ja mal ausführlicher reden. Da ist bestimmt was Wahres dran, aber es gibt eben Schattierungen. Man darf das nicht so apodiktisch sehen, sondern auch ein bißchen individuell. Warum gehen wir nicht mal erst irgendwohin und reden — über Sie oder auch über die ökologischen Probleme der Gegenwart?«

»Nichts spricht dagegen«, räumt er ein und legt begehrlich seinen Arm um Ihre Taille, »es ist nur eine Frage der Effektivität. Sehen Sie: Über mich wie auch über die Ökologie gibt es ohne Zweifel eine Menge zu sagen. Beispielsweise: Tempo 100, und was ich dazu meine. Ein hochinteressantes Thema, zu dem ich Ihnen sicher einiges Überraschende sagen kann. Wovon auch Sie profitieren werden. Schließlich ist das ein Thema, das immer wieder auf den Tisch kommt, aber immer mit den gleichen

Phrasen und Irrtümern. Da könnte ich Sie schon mit ein paar neuen Argumenten ausstaffieren, so daß Sie künftig in jeder einschlägigen Diskussion *so* dastehen werden«, er ballt nachdrücklich die Faust, »nur: Wie soll ich mich auf dieses Thema konzentrieren, wenn ich ständig innerlich abgelenkt bin? Ich würde nur dasitzen, Sie anschauen und wäre mit meinen Gedanken überall, nur nicht bei Tempo 100.

Lieben Sie Brahms?

Andererseits aber: Wenn Sie jetzt mit mir kommen, können wir hinterher wunderbar entspannt darüber reden. Ich bin dann voll konzentriert dabei, und wir haben eine Menge von diesem Gespräch. Wissen Sie, ich finde es immer albern, wenn Rituale zu Tode strapaziert werden und man wertvolle Zeit vertrödelt — Kraniche mögen vorher umeinander rumtanzen, der homo sapiens muß das aber doch nicht tun! Außerdem sehe ich das sowieso in einem größeren Zusammenhang: Bei mir zu Hause haben wir alles, was wir wollen — mein Kühlschrank ist voll mit allen möglichen Dosen: Thunfisch, Bier, was Sie wollen. Dann habe ich eine neue Kassette mit dem gesamten Klavierwerk von Brahms — Lieben Sie Brahms? Natürlich tun Sie das! —, und um elf heut nacht gibts einen hinreißenden alten Film mit Fred Astaire und Ginger Rogers. Überlegen Sie doch mal, welche Möglichkeiten sich uns da bieten! Und nach Mitter-

nacht können wir dann von meinem Balkon aus den Vollmond sehen — haben Sie in letzter Zeit wieder mal den Vollmond gesehen, ich meine: so richtig bewußt? Mit einem Glas in der Hand und im Hintergrund das f-moll-Intermezzo. Also ich sage Ihnen: Allein das ist es wert, daß Sie mit mir kommen. Und im übrigen«, und dabei hält er Ihnen die Autotür auf, »das sind ja alles nur Vorschläge, das ist einfach mal mein ganz persönliches Programm-Angebot.«

Mit 100 durch die Stadt

Während er Sie durch die abendlichen Straßen chauffiert und eine seiner Tempo-Thesen vorträgt: *Wenn schon 100, dann auch in der Stadt,* haben Sie das Gefühl, ihn schon seit Jahren zu kennen. Tatsächlich: Nichts Böses liegt in seinem Tun, und als er vor einer Kurve schnell noch einen Zögerlichen überholt, ach, da zittern Sie fast mehr um ihn als um sich selbst.

Zu Hause hilft er Ihnen höflich aus dem Parka, und als Sie sich umsehen, bemerken Sie, wie er gerade Ihre Bluse über einen Bügel hängt. »Bei mir geht es ordentlich zu«, sagt er mit ernsthafter Aufrichtigkeit ...

Die Zeit verfliegt, und nun sitzen Sie neben ihm auf einer seiner umgedrehten Weinkisten, die ihm als Sessel und Sofa dienen, und vor Ihnen wirbelt gerade Fred Astaire seine blonde Partnerin übers Parkett. Zum wiederholten Male gießt Ihr Schütze die Gläser voll mit dem etwas herben Tropfen »Winzertrunk« (»Ich mag so einfache und unverfälschte Getränke, die auch der Winzer auf seinen Tisch bringt«, meint er), und die Säure verhilft Ihnen zu einem ganz klitzekleinen Herzmund, den der Schütze »einfach süß« findet, und überm entfernten Waldrand geht der Mond auf.

»Siehst du«, sagt Ihr Schütze, »und wenn's nach dir gegangen wäre, würden wir jetzt in einem langweiligen Lokal sitzen, bei einem zähen Rindsfilet und mit einem unaufmerksamen Ober, der ewig nichts bringt. Was haben wir dagegen in genau der gleichen Zeit schon für einen Spaß gehabt. Findest du nicht auch?«

Da hat er recht, denken Sie, und: Was sind doch diese angeblichen Idealisten mitunter für hinreißende Pragmatiker!

6
Wie man eine Schützin verführt

Die Schützin erkennt man am besten daran, daß sie kein Blatt vor den Mund nimmt — ja, sie hat noch nicht mal eins dabei, um es evtl. anlegen zu können, wenn der Oberkellner eines vornehmen Lokals vielleicht darauf besteht. Während andere Frauen immer ein Blatt der Saison — Kastanie, Ackersalat oder Rotbuche (je nachdem, was Paris gerade vorschreibt) — tragen, ist die Schützin an dieser Stelle völlig unbedeckt und sofort als solche auszumachen.

Dies zeigt sich auch in ihrer Art, auf Annäherungsversuche zu reagieren: Entweder sie sagt rundweg nein, oder sie interessiert sich nicht für Sie. Ein Zwischending kommt nicht in Frage. Das beste ist also, wenn Sie selbst umweglos in die Offensive gehen. Nehmen wir an, Sie stehen an einem Bankschalter und heben die erlaubten 400 Mark ab. Neben Ihnen befindet sich eine Schützin — erkennbar an dem blattlosen Mund —, und so sagen Sie zu ihr: »Na, wie wär's, wollen wir die Scheinchen nicht gleich mal ordentlich auf den Kopf hauen? Aber ich sehe schon, Sie gehören zu der entsetzlichen Sorte Frau, die ums Verrecken nicht käuflich ist.«

Geistreiche Kontaktaufnahme

»Da haben Sie recht«, sagt die Schützin, die man außerdem noch an ihrem Stolz erkennt, den sie gern offen trägt, »wenn ich mit Ihnen weggehen möchte, dann nicht wegen Ihres Geldes, sondern Ihretwegen.« »Na prima«, wollen Sie gerade sagen, »die 400 gehören sowieso nicht mir . . .« doch da fährt die Schützin schon fort: »Aber ich möchte nicht mit Ihnen weggehen.« Auf solche Reaktionen müssen Sie gefaßt sein, das liegt alles einzig und allein am fehlenden Blatt.

Aber nehmen wir an, Sie haben Glück: Die Schützin ist der Meinung, daß Ihre Art der Kontaktaufnahme geistreich, originell und überzeugend war und geht auf Ihr Angebot ein. Allerdings mit dem einschränkenden Zusatz: »Wenn Sie meinen, daß die 400 reichen! Oder soll's zum nächsten Wienerwald gehen?« Die Schützin nämlich liebt nicht nur das Originelle, sondern auch das Noble. Leider oft am falschen Objekt: So wird sie sich von einem Millionär nur in den Wienerwald einladen lassen, von einem armen Soziologie-Studenten aber, der sein ganzes Geld in Porto anlegt, um seine Manuskripte an Suhrkamp zu schicken, heischt sie die Rotisserie de la Reine Pedauque. Sie möchte eben die Männer zu Ungewöhnlichem provozieren.

Doch hier kann Ihnen eine weitere Eigenschaft der irisierenden Schützin helfen: ihre Gutgläubigkeit. Wenn Sie also der arme Soziologie-Student sind mit dem hoffnungsvollen Roman-Manuskript, dann müssen Sie nur behaupten, Sie seien Muck Flick und würden grundsätzlich zum Abendessen in die Pyramide nach Vienne fliegen, und schon fühlt sich die Schützin zum Widerspruch herausgefordert, besteht auf Wienerwald oder McDonald's, und Ihr Etat ist gerettet.

Eine unverstandene Frau

Schlau wie Sie sind, haben Sie es also geschafft, in ein preiswertes Lokal gekommen zu sein, aber damit haben Sie natürlich noch gar nichts erreicht — Sie haben sich vielleicht eine Startrampe gebaut, aber nun müssen Sie anfangen zu fliegen.

Das sieht so aus, daß Sie die Schützin nunmehr als das behandeln, was sie auch ist: eine unverstandene Frau. Gerade nämlich ist ihr eine große Liebe auf und davon gegangen, und das, obwohl sie sich blendend miteinander verstanden hatten und stundenlang ernsthaft über die Psychoanalyse sprechen konnten und wieviel davon Paul Bocuse in seine Waffeln tut. Wie immer hatte sie geglaubt, endlich ihren Traummann — Prinz Eisenherz mit dem Gehirn von Albert Einstein — gefunden zu haben, und

dann hatte er sich letztlich doch als das herausgestellt, was sie schon immer hinter ihm vermutet hatte: als ein zur Dicklichkeit neigender Mittvierziger mit Haarausfall, der bei der letzten Beförderung zum Unterabteilungsleiter schon wieder übergangen worden war und nur über die Bedeutung der Zacken an Briefmarken reden konnte.

Die Schützin, weniger betrübt über den Verlust der großen Liebe — übrigens schon die 23. in diesem Jahr — als über ihre anscheinend so schlechte Menschenkenntnis, die sie immer wieder so eklatant danebengreifen läßt, wird Ihnen jetzt ihr ganzes Herz ausschütten, und da dieses Herz sehr groß ist und jede Menge Platz hat, können Sie sich fürs erste beruhigt zurücklehnen und zuhören.

Wenn Sie nach ca. zweieinhalb Stunden das Wort an sich reißen, dürfen Sie natürlich nicht den Fehler machen und einfach sagen: »Welch ein glücklicher

Zufall, daß Sie mich getroffen haben, denn ich bin genau der Richtige für Sie!«, sondern Sie müssen es der Schützin überlassen, dies ganz von selbst herauszufinden. Allerdings können Sie ihr bei dieser Erkenntnis kräftig nachhelfen, einfach indem Sie ihr zu verstehen geben, daß Sie in ihr exakt das sehen, was sie natürlich selbst schon längst weiß, nämlich daß Sie die fantastischste Frau ist, die man sich überhaupt nur denken kann. Dies aber hat nur dann Wirkung, wenn Sie es nicht in dem üblichen, Feuer und Leidenschaft imitierenden Ton vortragen, in dem man gemeinhin Komplimente transportiert, sondern mehr in der Art einer nüchternen Feststellung — so wie ein Buchhalter eine Bestandsaufnahme macht.

Das würde in Ihrem Fall etwa so klingen: »Natürlich haben Sie Probleme, so wie Sie sind. Ein Mann wünscht sich im allgemeinen eine durchschnittlich hübsche und nicht allzu intelligente Frau — ich muß das wissen, ich bin ja schließlich selbst einer und, auch das sei zugegeben, im Grunde keinen Deut besser als andere. Nun trifft er Sie: eine attraktive Erscheinung, die sofort ins Auge fällt. Reaktion: Angst. Ein Mann glaubt einfach nicht, daß er für

Sie in Frage kommt. Aber das ist ja noch nicht alles: Denn jetzt ist diese Frau auch noch intelligent und spricht über das Unbewußte, daß sogar Sigmund Freud und Paul Bocuse selber Schwierigkeiten hätten, da mitzukommen. Was ist der Erfolg: Der Mann bekommt Minderwertigkeitskomplexe, fühlt sich unterlegen, tja, und macht deshalb das einzige, was ihm bleibt: Er ergreift die Flucht.«

Die Schützin wird Ihnen sofort bestätigen, wie haargenau Sie den Finger auf den Nagel getroffen hätten (und hier erkennen Sie auch zum ersten Mal deutliche Zeichen von Bewunderung und Zuneigung in den strahlenden Augen), und die Frage stellen, was sie denn gegen dieses Mißgeschick tun könne.

Essen, lieben, schlafen

»Nun«, sagen Sie, »ich will Ihnen da keine falschen Hoffnungen machen. Aber Gott sei Dank sind Sie eine Frau, die die Wahrheit ertragen kann. Und Sie müssen nun mal der Tatsache ins Gesicht sehen, daß Sie als Frau tatsächlich etwas Besonderes sind. Das hat Vorteile, zweifellos, denn Sie werden andere immer ausstechen, sei es körperlich, sei es geistig. Dagegen kann man nichts tun. Aber es ist auch eine Hypothek, mit der man leben muß und die einem halt manches schwerer macht. Aber Sie sind ja nicht nur eine intelligente Frau, mit der zu reden unheimlichen Spaß macht, Sie kennen ja auch Ihre Psychoanalyse. Und deshalb werden Sie auch wissen, daß die Komplexität aller ontologischen Bezugssysteme von einem bestimmten Punkt an geradezu danach schreit, nicht nur antizipiert, sondern logischerweise auch hinterfragt zu werden, sonst verstricken Sie sich ja heillos im Dickicht normativer Trotzreaktionen und stehen schließlich am Ende hilflos wie ein Kind vor der Schroederschen Treppe. Aber wem sag ich das! Nein, Sie müssen sich einfach zur Reduktion bekennen, auch wenn's schwerfällt. Zu Brot und Salz, auch in Ihren erotischen Beziehungen — essen, lieben, schlafen, einen Baum ansehen, verstehen Sie, was ich meine?«

Schwarzwälder Zimtschnecken

Daraufhin wird die Schützin Tränen in die Augen bekommen, sie wird Ihre Hand fassen bzw. sich an Sie lehnen, wenn die Situation das erlaubt, und sagen: »Eigentlich bin ich ja ein ganz einfacher Mensch, viel kreatürlicher, als jeder von mir denkt, und wie oft habe ich mir schon gewünscht, ganz einfach für jemand dazusein und ihm alles zu geben, was ich geben kann, verstehen Sie?« Ein fast flehentlicher Blick trifft Sie, während die Schützin den entscheidenden Satz des Abends sagt: »Sie müssen mal meine Schwarzwälder Zimtschnecken probieren, das ist noch ein Rezept meiner Großmutter, die aus der Gegend von Freudenstadt kommt.«

»Au fein«, sagen Sie und rufen den Ober, »genau darauf hätte ich jetzt einen Mordsbock«, denn die Schützin liebt jugendliche Männer.« Kommen Sie, gehen wir schnell zu Ihnen, denn ich kann es kaum erwarten. Darf man da noch etwas Johannisbeergelee drauftun?«

Die Astrologen ordnen der Schützin als Traumpartner den Löwen und den Widder zu. In der Tat: Kein anderer als der Löwe bringt es fertig, dicklicher Mittvierziger mit Haarproblemen zu sein und doch überzeugend als Prinz Eisenherz zu wirken. Und kein anderer als der temperamentvolle Widder versteht es, so gekonnt über die in Aussicht gestellten Zimtschnecken in einen Begeisterungstaumel zu verfallen, daß die Schützin ganz gerührt ist, so verstanden zu werden, daß sie ihn sofort auf die Liste ihrer festen Abonnenten setzt, so daß er jede Weihnachten einen Karton davon abbekommt.

7
Wie man einen Schützen verführt

Man sagt einfach: »Wie wär's, kommst du mal mit zu mir?«

1
2
3
4

8
Unschedlichs Ansicht über den Schützen

Immer wenn wir über unser Sternzeichen mehr wissen wollen, als uns die offizielle Literatur verrät, machen wir uns auf den Weg zu einem der bedeutendsten praktizierenden Astrologen unserer Zeit: zu Joseph-Joachim Unschedlich, den seine Freunde — und das sind alle, die das gleiche Trigon haben — »Jojo« nennen dürfen.

Unschedlichs bahnbrechende Entdeckung auf dem Gebiet der Astrologie besteht in dem sogenannten »Gemeinschaftshoroskop«: Einmal pro Woche schreibt Unschedlich ein Horoskop, das für sämtliche Tierkreiszeichen völlig gleichlautend ist und »vor unangenehmen und unsinnigen Geldausgaben« warnt. Tatsächlich — und hier kann Unschedlich auf eingehende Untersuchungen verweisen —

finden an diesem Tag Angehörige aller Tierkreiszeichen unterm Wischer ihres Autos einen Strafzettel wegen verbotenen Parkens. Jedermann tut also gut daran, an diesem Tag zu Hause zu bleiben, zumindest aber den Wagen in der Garage zu lassen und zu Fuß zu gehen, worauf auch Unschedlich mit der zusätzlichen Bemerkung hinweist: »Etwas Bewegung in frischer Luft würde Ihnen heute guttun«.

Unschedlich öffnete uns in seinem Sternenmantel die Tür und bat uns wie immer, auf dem Sessel unter einem seiner selbstgemalten Sternbilder Platz zu nehmen.

Überzogener Urlaub

Wir kamen sofort zur Sache: »*Was halten Sie vom Schützen, großer Meister?*«

Unschedlichs Stirn umwölkte sich. »Gar nichts«, meinte er, »für mein Gefühl wird heutzutage viel zu viel geschützt. Sehen Sie mich: Ich habe einen jugoslawischen Hilfsastrologen angestellt. Jedes Jahr bekommt er vier Wochen Urlaub, die er in seiner Heimat verbringt, wo er an seinem Haus baut. Jedesmal überzieht er um gut zwei Wochen — immer natürlich mit einem Attest von seinem jugoslawischen Dorfarztfreund. Völlig totgearbeitet fängt er bei mir wieder an, kommt mit den Ephemeriden durcheinander und macht prompt ein paar Tage später für weitere vier Wochen krank. Kündigen darf ich ihm nicht, außer mit einer Entschädigung von 10 000 Mark und der Auflage, innerhalb von zwei Jahren keinen anderen Hilfsastrologen einzustellen — also kommen Sie mir bloß nicht mit dem Thema Schützen!«

»Wir teilen Ihren Ärger, Meister«, sagten wir, *»aber wir meinen das Tierkreiszeichen Schütze. Wie steht es damit?«*

»Ah ja, das ist wenigstens ein erfreulicheres Thema. Also der Schütze ist zunächst mal ein veränderliches Feuerzeichen. Das bedeutet, daß der Schütze in seiner Jugend sehr schlank ist und sich in fortschreitenden Jahren zum Dicklichen hin verändert. Vollschlanke Schützen über 50 werden übrigens Feuerball genannt — ein respektvoll gemeinter Titel, den aber der Betreffende meist nicht recht zu schätzen weiß. Ein Schütze, so sagen wir Astrologen, brennt immer irgendwie. Man sollte also vorsichtshalber immer einen Eimer Wasser bereitstellen, wenn man ihn einlädt.«

Ein Pferd unter den Vorfahren

»Am Brennen erkennt man ihn also?«

»Genau, und wenn es regnet, kann man ihn auch ab und zu bitten, für ein paar Minuten auf die Terrasse zu gehen. Die meisten Schützen sind hier verständnisvoll und folgen dieser Aufforderung. Aber man erkennt den Schützen auch an seinem Aussehen — Schützen stammen bekanntlich von Zentauren ab oder haben zumindest ein Pferd unter ihren Vorfahren. Deshalb haben auch viele von ihnen ein ausgesprochenes Pferdegesicht. Man sollte aber davon absehen, ihnen ein Stück Zucker zwischen die Zähne zu schieben und ihnen dabei über den Kopf zu streichen oder den Hals zu tätscheln. Manche mögen das nicht.«

»*Wie gilt er im persönlichen Umgang?*«

»Da ist er nicht immer ganz einfach. Viele bezeichnen den Schützen als gefühllos, versoffen, faul und streitsüchtig — nun kommt es drauf an, was er daraus macht.«

»*Und welche Möglichkeiten hätte er da?*«

»Nun ja, Gefühllosigkeit kann er als ›streng logisches Vorgehen‹ verkaufen, den Griff zur Flasche mag er mit ›deinem fetten Mittagessen‹ erklären; legt er sich aufs Sofa, so kann er immer behaupten, er habe über ein Problem nachzugrübeln, und seine Streiterei gibt er als ›leidenschaftlichen Einsatz für meine Ideale‹ aus. Dabei ist er allerdings tolerant:

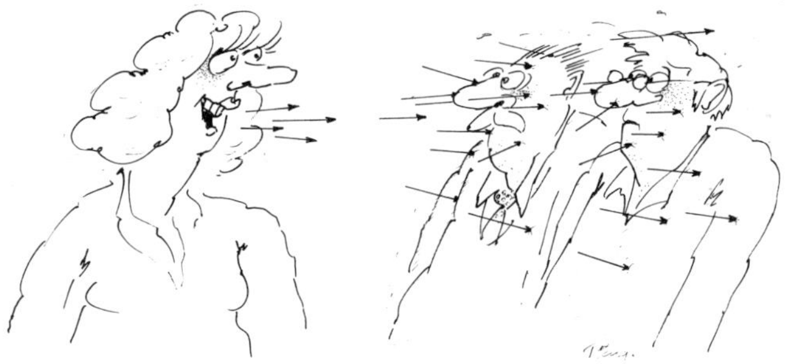

Nie wird er einem anderen das Recht absprechen, sich mit einer Flasche Bier langzulegen, und einen gefühllosen Streithansl wird er immer als einen prima Kerl ansehen, mit dem es Spaß macht zu diskutieren.«

»Noch so ein Stichwort: Liebe zur Wahrheit — wie sieht es damit aus?«

»In dieser Beziehung ist er schlichtweg brutal. Wenn Sie ihn nach der Uhrzeit fragen, wird er nie lange drumherumreden, so in der Art wie: Falls Sie noch zur Tagesschau zurechtkommen wollen und mehr als eine halbe Stunde Wegs haben, wird's Zeit, daß Sie sich aufmachen! Nein: Gleich halb acht! wird er ihnen sagen, mitten ins Gesicht und ohne Rücksicht darauf, ob es Ihnen paßt.«

»Beruflich, wie sieht es da mit dem Schützen aus?«

Je höher, je lieber

»Er möchte hoch hinaus — auf diese einfache Formel kann man seinen ganzen Ehrgeiz bringen. Und dafür opfert er Geld, Einfluß und sogar Titel. Immer wird er ein Büro im dritten Stock einem im zweiten vorziehen, und eins im vierten ist ihm lieber als das im dritten — auch wenn er weniger verdient. Wenn es einem Schützen gelingt, in einem Hochhaus im 20. Stockwerk zu arbeiten, ist er der glücklichste Mensch auf der Welt. Andere, die in einem

Flachbau arbeiten müssen und genau wissen, daß sie niemals über die erste Etage hinauskommen, weil es eine zweite einfach nicht gibt, können depressiv werden und neigen dazu, sich was anzutun. Ich kenne einen Schützen, der ist Kellermeister in einer Weinfabrik — an sich ein prima Posten, der Mann könnte glücklich und zufrieden sein, aber er leidet. Immer nur im Keller! meint er, dann lieber Generaldirektor im Verwaltungshochhaus mit Blick auf die Stadt.«

Leere Leinwand

»Noch ein Wort zur Kunst. Was leistet der Schütze auf diesem Gebiet?»

»Schützen sind bekanntlich sehr ungeduldig und arbeiten nicht gerne lang an einem Projekt. Wird so jemand Maler, dann liefert er am liebsten eine leere Leinwand ab und redet dann stundenlang über den Sinn seines Werkes und was die Leere der Leinwand bedeuten soll. Meist fällt ihm sogar eine ganze Menge dazu ein, und die Leute sind begeistert. Aber: Er hat sich die ganze Malarbeit gespart. Geht er ans Theater, als Regisseur z. B., so tritt er an die Rampe, erklärt sein Regie-Konzept — und anschließend lesen die Schauspieler nur den Text mit verteilten Rollen. Das Publikum hört sich das mit geschlossenen Augen an und stellt sich die Aufführung vor — so hat er auch noch die Fantasie und damit die Kreativität der Leute gefördert, was ihm eine besonders gute Besprechung einbringt. Wieder hat er sich die Arbeit gespart, und wieder ist das Publikum beeindruckt! Und last not least: Auch in der Literatur gibt er sich ungern mit dickleibigen Büchern ab — lieber schreibt er einen Leserbrief. Das geht schnell und befreit ihn sofort von seinem Frust — ärgern, schrciben, sofort erscheinen und wenn möglich Protest auslösen, das ist so seine Devise.«

»Herr Unschedlich, wir bedanken uns für dieses Gespräch.«

»Nichts zu danken. Und wenn Sie sich wieder mal über etwas ärgern — ich kenne da einen Schützen, der Ihnen liebend gern sofort einen geharnischten Leserbrief schreibt. Aber ich kann Ihnen gleich sagen — Sie werden damit nichts ändern. Sie können's also ruhig bleibenlassen. Allerdings: Ihm macht's einen Heidenspaß.«

9
Der Tag eines Schützen

Jeder neue Tag prickelt mich wie Sekt im Sonnengeflecht. Wie soll ich ihn heute sehen: als sportliche Herausforderung, als Angriff unter wehenden Fahnen, als Glücksgriff des Schicksals in den Topf der unbegrenzten Möglichkeiten?

Mit einem Hechtsprung verlasse ich das Bett, hole mir dabei eine Beule am Schrank, was — wie ich gleich darauf im Bad feststelle — meinem Gesicht etwas abenteuerlich Verwegenes gibt. Fröhlich lache ich mir entgegen, verschlucke dabei einen Teil des Rasierschaums und betrete vergnügt das Frühstückszimmer, während mich Seifenblasen umschwirren wie Planeten die Sonne.

Beide Radiogeräte laufen mit glühenden Drähten: Während mir das eine beschwingte Klänge von

James Last entgegenwirft, informiert mich das andere darüber, was in der Welt los ist, besonders im Fernen Osten. Neuigkeiten aus der europäischen Nähe engen mich irgendwie ein, ich brauche das Fluidum der Kontinente. Gleichzeitig nehme ich die Schlagzeilen der beiden örtlichen Tageszeitungen in mich auf, während mir Ingrid wechselweise Kaffee und Toast zuführt. Ein langweiliger Tag.

Gruß an die Ampeln

Doch ich lasse mir meine gute Laune nicht verderben, sondern genieße die Fahrt ins Büro. Mit einer Geschwindigkeit, die Kleinkarierte »unerlaubt« nennen würden, jage ich über den Äußeren Ring und grüße im Vorbeifahren die Ampeln, die das tiefe Gelb eines jener faszinierenden Sonnenuntergänge zeigen, wie man sie auf den Malediven an glücklichen Tagen zu sehen bekommt: In der Ferne wiegen sich Palmen im sanften Abendwind, dunkelhäutige Mädchen biegen sich rhythmisch in den nur oberflächlich bastverhüllten Hüften, während die Burschen herzhaft dem muskulösen Schenkel eines Touropa-Reiseleiters zusprechen und sich mit ihrem vokalreichen Singsang über die letzten Neuigkeiten der Insel unterhalten — ach, wer da jetzt hinfahren könnte, in der prächtigen Sommernacht!

Wie so oft, kämpfe ich auch heute mit der Versuchung, einfach weiterzufahren, dem Auto mit einem

Juchzer die Sporen zu geben — hinein ins Unbekannte, das mit bebenden Flanken vielleicht schon hinter der nächsten Ecke wartet! Doch mit eiserner Selbstdisziplin, die ich immer wieder selber an mir bewundere, nehme ich mich in letzter Sekunde gerade noch mal zusammen und durchquere das einladend große Portal. Grüßend reißt der Pförtner die Mütze vom Kopf — sag dem Abenteuer, daß ich heute noch nicht komme!

Stürmisch laufe ich den Flur entlang und stoße mit Lilo Palmer zusammen, die gerade mit einem Packen Ordner aus einem Büro kommt. »Passen Sie doch auf, Trottel!« ruft sie. Aber mich täuscht sie nicht — sehe ich nicht auf dem Hintergrund ihrer lustigen Augen das verlockende Glimmen des eroberungsbereiten Weibchens?

Erst tief Luft holen

Auf meinem Schreibtisch türmt sich Arbeit, die begierig ist, von mir erledigt zu werden — jeder Brief scheint »Mich zuerst!« zu rufen und mir die Arme entgegenzustrecken. Doch für ein paar Sekunden lehne ich mich erst mal zurück, hole tief Luft und konzentriere mich wie ein Dreispringer vor seinem letzten Versuch — dann greife ich mir mit einer entschiedenen Bewegung, gegen die es keine Abwehr gibt, das oberste Schreiben. Flüchtig werfe ich einen Blick darauf und erfasse dennoch sofort alles Wesentliche: Der Absender ist eine Firma Rautenbach, und ein Mann gleichen Namens beschwert sich, daß auf den fünfzigtausend Leuchtgloben, die wir geliefert haben, der Kontinent Südamerika fehlt. Er könne mit der Lieferung in dieser Form nichts anfangen, und was wir zu tun gedächten.

Globus ohne Südamerika

Mein lieber Rautenbach, denke ich, wo soll ich da anfangen? Zunächst: Ein Globus ohne Südamerika ist kein Grund zur Reklamation, sondern zur Freude. Denn er ist eine Rarität, und die Leute werden sich darum reißen. Zweitens: Was ist an der Stelle von Südamerika? Darüber verliert er kein Wort — der Atlantische Ozean, der Pazifische Ozean, ist da vielleicht ein ganz anderer, ein neuer Ozean, mit Inselgruppen, auf denen sich geheimnisvolle Plastiken wie auf der Osterinsel befinden, Überbleibsel der Außerirdischen? Oder liegt da vielleicht Atlantis, das lang gesuchte? Und Kap Hoorn, liegt das jetzt an der Südspitze Mittelamerikas, und was geschieht mit dem Panama-Kanal, den man ja unter diesen neuen geographischen Bedingungen nicht mehr braucht? Drittens: Was ist jetzt mit den Schulden der einstigen südamerikanischen Staaten, werden die Banken die verlorenen Milliarden einfach abbuchen, bricht die Weltwirtschaftskrise aus und werden die Sparkassen mit hineingezogen, und warum haben heute früh weder Radio noch die Zeitungen davon berichtet? Viertens: Warum ist Südamerika verschwunden? Ist es das Opfer des Erdbebengürtels geworden, und sind wir mit unserer beleuchteten Erdkugel ohne Südamerika den Ereignissen nur vorausgeeilt? Ein Kontinent löst sich in Luft auf, und wir haben das bereits in unseren Karten! Rautenbach wird das Geschäft seines Lebens machen. Statt dessen beschwert er sich!

Vorsichtshalber wähle ich unsere südamerikanische Generalvertretung in Montevideo an, komme aber nicht durch. Na bitte.

Grandiose Ideen

Ich rufe Isabella, meine Sekretärin (schon ihres Namens wegen rufe ich sie!), und diktiere ihr einen Brief an Rautenbach, in dem ich die eben skizzierten Argumente noch einmal aufarbeite. Isabella findet meine Ideen grandios, was sie zwar nicht expressis verbis äußert, aber mir durch alle möglichen Gesichtsausdrücke zu verstehen gibt.

Mittags in der Kantine gebe ich ihr weitere Kostproben meiner Spekulationen zu diesem Thema, und sie meint, ihr wäre lieber, Europa würde von der Landkarte verschwinden, dann müßten wir hier nicht bei diesem sommerlichen Regenwetter herumsitzen, sondern »könnten vielleicht in Italien arbeiten oder wenigstens in Südfrankreich!«

Nach Tisch ist die übliche Produktionsbesprechung. Ich errege gewaltiges Aufsehen, als ich Rautenbachs Brief und meine Antwort bekanntgebe. Mein Chef, ein bedeutender Kartograph, der seinen Beruf liebt, droht mit Schlagfluß zu Boden zu sinken. Doch ich kann ihn mit wenigen Worten wieder aufrichten. »Bedenken Sie«, sage ich, »wir haben den einzigen Globus ohne Südamerika. Endlich haben wir ein klares Unterscheidungsmerkmal zu unserer Konkurrenz. Jeder wird unsere Darstellung der Welt besitzen wollen, zumindest als Zweitglobus. Was werden die Leute bei Mair, Columbus und wie sie alle heißen sagen, wenn die Kunden sie fragen: Und wo sind bei Ihnen die Südindischen Inseln, wo ist das geheimnisvolle Eiland Quästura, wo sind die Äußeren Moneten? Alles Gebiete, die ich bereits entworfen habe.«

Die Welt neu ordnen

»Sie werden sich auf die Wahrheit berufen«, zetert mein Chef jammernd und schlägt erneut die Hände vors Gesicht.

»Die Wahrheit? Wenn ich das schon höre«, kontere ich, »die Wahrheit kann ich auf jeder ADAC-Karte finden, jeder Baedeker sagt sie mir — dazu brauche ich keinen Leuchtglobus! Hier will ich die Fantasie, das Unerhörte und Niegesehene, hier will ich die Welt neu ordnen, das Alte verlassen und zu neuen geographischen Ufern aufbrechen — wollen wir das nicht alle? Ich bin sogar der Meinung, wir sollten jedes Jahr einen neuen Globus herausbringen. Auf dem nächsten lassen wir z. B. Afrika am Äquator aufhören, und die ganze Apartheid-Frage ist beendet. Oder wir verzichten auf Indien und lassen den Indischen Ozean, der dann Arabischer Ozean heißt — denken Sie an unsere Geschäfte mit Riad! —, an den Nanga Parbat branden. Oder wir verzichten auf Australien und Neuseeland, so daß sich der Pazifik endlich mal frei entfalten kann. Weg mit den einengenden Sachzwängen — was ist der Globus schon, wenn man ihn von einem Quasar in 10 Milliarden Lichtjahren Entfernung anschaut? Ein Nichts, ein Krümel. Nein, ich bin der Meinung, Rautenbach soll gleich nochmal fünfzigtausend bekommen, diesmal mit Südamerika, aber ohne Skandinavien. Da kann er jedem Kunden gleich zwei verkaufen, und nächstes Jahr wird man weitersehen.«

Mein Chef wird zusehends munterer und überlegt schon, ob er nicht auch mal die Nilquellen ein paar Kilometer weiter nach Süden verlegen könnte — nun ja, das ist Kleinkram.

Gegen sechs fahre ich nach Hause. Es war wie immer ein ganz normaler Tag, ohne besondere Vorkommnisse. Ich habe das Bild der Welt verändert, aber was heißt das schon? Noch nicht mal das Fernsehen berichtet darüber. Statt dessen sieht man wie üblich Helmut Kohl bei Mitterand.

10
Einiges über berühmte Schützen

Wie jedes Tierkreiszeichen hat auch der Schütze eine große Zahl bedeutender Männer hervorgebracht, deren Leistungen nicht selten auf den besonderen Eigenschaften beruhen, die man diesem Zeichen nachsagt.

Eine dieser Eigenschaften ist die innere Zerrissenheit, ist die Zersplitterung der Wünsche und Ziele. Dafür ist der römische Kaiser Nero ein gutes Beispiel. Jeder andere wäre mit der Position eines römischen Cäsaren zufrieden gewesen, weil sie eine Menge Annehmlichkeiten zur Folge hat, von denen die totale Steuerfreiheit bei großen Einnahmen nur eine ist. Doch Nero war alles andere als glücklich mit seinem Leben, und die täglichen Orgien machten ihm bald keinen Spaß mehr, vor allem, weil er dabei immer blaue Trauben essen mußte. Mit seinen engsten Freunden sah er sich in einem Nebenraum immer alte Hollywood-Filme der schwarzen Serie an, und sehr bald erwachte in ihm der Wunsch, etwas Ähnliches zu tun.

So entschloß er sich eines Tages, das Pseudonym »Wolfe« anzunehmen und heimlich als Privatdetektiv, als »artifex vexationis« (Künstler in der Verfolgung), zu arbeiten. Mit seinem Freund Petronius, der sich den Namen Archie Goodwin zulegte, durchstreifte er nachts die Straßen der Ewigen Stadt, wobei seine Opfer zunächst bekannte Orgienteilnehmer waren, über deren Privatleben er sich informierte. Wenn er herausbekam, daß es sich in Wahrheit um ganz brave Senatoren handelte, die heimlich einem ordentlichen Beruf nachgingen und ein tadelloses Familienleben führten, so schrieb er der Ehefrau, daß ihr Mann ein ganz stinknormaler Bürger sei, der mit seinen Orgien nur angebe. Damit zerstörte er viele Ehen, denn die Frauen glaubten sich natürlich mit einem stadtbekannten Lüstling verheiratet und trugen die Nase hoch. Nero/Wolfes und Petronius/Goodwins Ermittlungen trafen sie hart, und viele Frauen gingen in den Tiber.

Später dann war den beiden diese Schnüffelei zu langweilig, und sie wollten mal »wirklich schwere Jungs auftun«, wie Bogart das in seinen Filmen immer vormachte. Dies führte zu dem Ereignis, das in die Geschichte eingegangen ist. Petronius/Goodwin sagte beiläufig, man solle mal der römischen Mafia ordentlich einheizen, worauf Nero/Wolfe sofort zu seinem Zippo-Feuerzeug griff und mit den Worten »Das ist eine prima Idee« Rom anzündete. Der Rest ist bekannt: Nero brachte sich um, als er sah, was er da im Jux angerichtet hatte, und starb mit dem Satz: »Welch ein bedeutender Privatdetektiv geht mit mir zugrunde!«

Unanständige Filme

Die Frage stellt sich, was wohl passiert wäre, hätte sich Nero nicht den unzuverlässigen Schützen, sondern die ordentliche Jungfrau als Sternbild ausgesucht. Die Antwort: Er wäre ein pflichtbewußter Kaiser geworden, hätte sich nur unanständige Filme angesehen, wie sich das gehört, und keine Krimis, und Rom wäre uns erhalten geblieben, so daß wir heute nicht bei den Fettuccine von Alfredo unseren Kummer über die paar geborstenen Säulen vergessen müßten.

Ein weiteres Schütze-Beispiel — diesmal aber nicht im Verfolgen anständiger Orgienteilnehmer, sondern hoher Ziele — war der Filmemacher Walt

Disney. Disney war ein Mann mit revolutionären Ideen im Bereich der Filmkunst. Sofort erkannte er, daß die menschlichen Ausdrucksmöglichkeiten mit Chaplin, Valentino und Greta Garbo ausgereizt waren, und vom Feuer seines Genius erleuchtet, arbeitete er Tag und Nacht an der Verwirklichung eines »übermenschlichen Filmstars«, der völlig neue Dimensionen möglich machte.

Micky Maus und Greta Garbo

Nach jahrelangem Ringen trat er eines Tages mit seiner Schöpfung Mickymaus an die Öffentlichkeit, und viele Filmstars wollten daraufhin ihren Beruf wechseln und wieder Serviererin oder Tellerwäscher werden. Greta Garbo ging so weit, Disney zu bitten, von ihr einen Zeichentrickfilm anzufertigen. Und in der Tat existieren in den geheimen Hollywood-Archiven noch Versuche Disneys, wo die Garbo mit übergroßen Schuhen und Fäustlingen sowie einer riesigen Trockenhaube eine breite Treppe herunterkullert und in wilde Rangeleien mit einem widerspenstigen Toaster verwickelt ist. Doch Disney brach die Arbeit an diesem Streifen ab, um sich einer interessanteren Figur, nämlich der des Goofy, zuzuwenden, der er dann als Höhepunkt seines Schaffens Donald Duck folgen ließ. Und danach, so entnehmen wir seinen Tagebuchaufzeichnungen, waren lebende Schauspieler für ihn »kein Thema mehr«.

Alles typisch Schütze. Angenommen, Disney wäre ein schönheitstrunkener Waage-Mensch gewesen, so hätte er zweifellos eine idealisierte Garbo aufs Zelluloid gemalt, so daß wir heute noch Filme mit der Göttlichen produzieren könnten, auch wenn diese längst schon der Scheinwelt Film ade gesagt hat. Hohe Ziele, das erkennt man daran, können mitunter auch Großes verhindern.

Und noch ein Beispiel: Ludwig van Beethoven. Seine ganze schützenhafte Ungeduld und Maßlosigkeit drückte sich schon darin aus, daß er gleich mit der 9. Symphonie beginnen wollte. »Die Neunte, die bringt's«, soll er mal gesagt haben. Sein Verleger mußte ihm lange zureden, auch die anderen acht zu schreiben, weil »eine Neunte ohne acht andere, das geht nicht, das kriegen wir nicht durch!« So verdanken wir es diesem hartnäckigen Verleger, daß Beethoven nicht nur seine bekannte Oper »Der Fidele Bauer« schrieb, sondern auch die anderen Symphonien, darunter die »Erotica«, die auf ein leidenschaftliches Erlebnis mit der bekannten »unsterblichen Geliebten« zurückgeht, deren Namen keiner kennt. Als diese davon hörte, verlangte sie einen Teil der Tantiemen für sich, denn ohne sie hätte Beethoven diese Symphonie nicht schreiben können. Doch Beethoven, in diesem Punkt kühl wie Getty, antwortete nur: »Auf diesem Ohr bin ich taub!« und setzte damit auch gleich die Legende vom schwerhörigen Musiker in die Welt.

Ruge

11
Der Ausnahme-Schütze

Er wohnte in einer heruntergekommenen Gegend, in einer sehr gut dazu passenden Wohnung. Trotzdem machte er keinen deprimierten Eindruck — im Gegenteil: Er schien sich, wie man so sagt, »sauwohl« zu fühlen.

Er ließ sich in einem zerfledderten Sessel nieder und lud mich mit einer Handbewegung ein, auf dem Gegenstück davon Platz zu nehmen. Ich stieg über einen Stapel alter Krimis sowie über einen halbleeren Kasten Bier und setzte mich vorsichtig.

»Sie waren so nett, sich auf unsere Anzeige hin zu melden«, begann ich, »mit der wir einen Schützen suchen, der nicht seinem astrologischen Vorbild entspricht. Nun, wir werden sehen. Zunächst mal: Das unordentliche Zigeunerleben, das Sie zu führen scheinen, ist nicht unbedingt atypisch — nur um damit mal anzufangen.«

Er lächelte verschmitzt. »Dies ist kein Zigeunerleben. Ich lebe hier bereits seit Jahren und habe die Absicht, dies auch noch eine Weile zu tun. Daß hier nicht alles wie aus dem Ei gepellt aussieht, ist reiner Zufall: Ich achte nun mal nicht so drauf. Im übrigen ist es nur ein kleiner Preis für das, was ich dabei gewonnen habe.«

Ich setzte mich vorsichtig zurecht. »Das klingt nach Lebensänderung und Neuanfang.«

»Stimmt. Ich bin an einem 12. Dezember geboren und hatte das einfach satt. Wann immer mein Geburtstag erwähnt wurde, haben mich die Leute sofort gefragt: Großartig, wandern Sie mit uns am Sonntag über die Alb? Oder: Treffen wir uns am Samstag im Tennisclub? Oder: Reiten Sie auch den Format, und wie kommen Sie mit ihm klar? Manche gingen sogar so weit, mich um ein Lied zur Gitarre zu bitten — das würde sich doch so gehören bei mir. Entsetzlich!«

Immer ist ein anderer schneller

»Das heißt: Sie machen sich wenig aus Sport?«

»Überhaupt nichts. Man ist naß geschwitzt und hat doch immer irgendwie verloren. Denn immer läuft ein anderer schneller oder länger oder was weiß ich.«

»Es erübrigt sich deshalb wohl auch die Frage, ob Sie Pferde lieben, oder?«

»Gar nicht. Ich liebe sie durchaus«, räumte er ein, »und deshalb verzichte ich auch darauf, mich von ihnen durch den Wald schleppen zu lassen. Es ist mir noch nie klar gewesen, wieso man Tierliebe nur mit Sporen und Reitpeitsche ausdrücken kann und weshalb der ein besserer Mensch ist, der ein Pferd dazu bringt, daß es Tanzschritte macht. Im Western, wenn Randolph Scott über die Prärie galoppiert, schaue ich mir Pferde sehr gern an, bedauere sie aber von Herzen, wenn sie auf Kommando hinfallen müssen.«

»Und wie sieht es mit Hunden aus?«

»Schlechter, vor allem, seit mich mal ein Rauhhaardackel kurz vorm Ziel abgeworfen hat. Außerdem sind Hunde laut, und immerzu tritt man wo rein.«

»Aber denken Sie doch mal an den Blick, können Sie dem widerstehen?»

»Ich weiß, der berühmte Hundeblick. Ich gebe zu, anfangs war es schwierig, nicht auf ihn hereinzufallen, aber seit mich ein paarmal Hunde kurz vorm Zubeißen so angeschaut haben, kann ich diesen Blick problemlos zurückgeben — allerdings von der anderen Straßenseite.«

»Gut«, sagte ich und strich ein paar Fragen auf meinem Zettel durch, »lassen wir das mal. Aber wie sieht es sonst aus? Mit der Natur z. B., lieben Sie wenigstens die?«

Immer Leute mit Hunden

»Unbedingt. Allerdings mehr per Distanz. Ich sehe leidenschaftlich gern aus dem Fenster auf die wechselnden Jahreszeiten. Aber ich verzichte darauf, durch den Wald zu pilgern — im Sommer ist es zu naß, im Winter zu kalt. Und immerzu kommen einem Leute mit Hunden entgegen. Also ›freie‹ Natur — nein, danke.«

»Aber wie ist es mit den großen Ideen — machen Sie sich etwa daraus auch nichts? Haben Sie keine, wollen Sie keine verwirklichen?«

»Zugegeben, darunter habe ich jahrelang gelitten. Wo sind deine großen Überzeugungen, wo sind die Ziele, für die du auf die Barrikaden gehst? — ehrliche Antwort: Ich habe keine, hatte keine und werde keine haben. Ich finde, wenn man den nächsten Tag erlebt, hat man Glück gehabt — oder auch Pech, das kommt drauf an. Wozu sich mit Idealen abgeben? Ich meine, die Leute, die das tun, lügen sich alle in die Tasche. Ideale sind meistens eine gute Verpackung für schlechte Produkte. Ich für meinen Teil traue ihnen nicht übern Weg.«

»Aber der philosophische Geist des Schützen, der Drang nach Erkenntnis — wie sieht es damit aus?«

Er schüttelte grinsend den Kopf. »Schlecht. Die tieferen Erkenntnisse sind entweder enttäuschend oder erschreckend. Und die höheren sind mir ganz einfach zu hoch. Ich kapiere sie nicht, und ich sehe auch nicht ein, weshalb ich dazu immer nur bedeutungsvoll nicken soll.«

Halt ein guter Deutscher

»Gehen wir mal zum Beruflichen über. Da müßten Sie ehrgeizig, dynamisch und ganz wild auf Führungspositionen sein. Stimmt wohl auch nicht?«

»Stimmt überhaupt nicht. Im Gegenteil: Nichts ist schöner, als ein winziger Sachbearbeiter zu sein, der niemals zuständig ist und seelenruhig dabeistehen kann, wenn sich die verantwortlichen Führungspersönlichkeiten ihr Zwölffingerdarmgeschwür holen und um ihr Pöstchen zittern. Ich sage immer nur demütig: Jawohl, wie Sie möchten, da haben Sie völlig recht! usw. Ich bin opportunistisch bis auf die

Knochen und so richtig schön kriecherisch, wenn's Vorteile bringt. Halt ein guter Deutscher.«

»Nun machen Sie aber halblang«, wiegelte ich ab, »und werden Sie nicht plump polemisch. Außerdem stimmt's gar nicht — ein Deutscher kriecht auch, wenn es keine Vorteile bringt. Da sogar am liebsten. Also bitte, ja? Aber wie sieht es sonst mit Ihrem Charakter aus: großzügig oder kleinkariert und rachsüchtig?«

Er grinste wieder. »Kleinkariert und rachsüchtig. Macht viel mehr Spaß. Kürzlich traf ich eine sogenannte alte Liebe wieder, die mir mal vor tausend Jahren in der Tanzstunde einen Korb gegeben hat. Du hast aber ganz schön zugelegt! war das erste, was ich zu ihr sagte. Und das, obwohl ich wußte, daß sie gerade eine erbarmungslose Abmagerungskur hinter sich hatte. Der ganze restliche Tag war mir vergoldet.«

Fuchsberger als Schwiegersohn?

»Apropos Frauen: Auch als kühner und verwegener Eroberer sind Sie wohl nicht zu bezeichnen?«

»Um Himmelswillen, nein. Schauen Sie: Die Frauen sind nur als Idee, als Prototyp sozusagen, begehrenswert. Hinreißende Objekte, um aus der Ferne bewundert zu werden. Ich selbst bin derzeit gerade in drei oder vier unsterblich verliebt. Aber — Hände weg von der Realität! Denn da backen

Frauen meistens diese gräßliche Art von Gemüsekuchen, legen am Berg grundsätzlich zu früh den großen Gang ein und lieben Joachim Fuchsberger als Schwiegersohn — einen fast Sechzigjährigen, das muß man sich mal vorstellen.«

»Sie sind in der Tat Punkt für Punkt das Gegenteil eines Schützen, wie er im Astrologiebuch steht«, faßte ich zusammen, »trotzdem scheinen Sie ein glücklicher Mensch zu sein.«

Er lachte. »Nicht trotzdem — deshalb. Sie haben ja selbst aufgezählt, was ich alles sein und tun müßte, um meinem Sternbild zu entsprechen: Sport lieben, Hunde mögen, dynamisch sein, Frauen erobern — eine einzige Strapaze! Nein, ich habe mit allem gebrochen. Sogar meinen Geburtstag habe ich abgelegt. Ich besitze gar keinen mehr. Das erspart mir auch, einmal im Jahr von meinen Kollegen mit diesem gräßlichen Happy Birthday! empfangen zu werden.«

»Aber warum haben Sie sich nicht einfach in ein anderes Tierkreiszeichen geflüchtet?«

»Um ein anderes Zeichen mit meinem Mangel an guten Eigenschaften zu beschmutzen? Nein, das denn doch nicht!«

Ich runzelte die Stirn. »Also rücksichtsvoll — entdecke ich da etwa doch noch gute Eigenschaften?«

Gelassen breitete er die Arme aus. »Warum nicht? Nobody is perfect!«

12
Der Schütze und der Rest des Tierkreises

Geht man die Sache ganz wörtlich an, dann müßten im Tierkreis beispielsweise die Zwillinge, die Jungfrau, der Schütze und der Wassermann zusammenpassen. Denn alle vier — genauer: fünf — haben viel Menschenähnliches. Aber das muß bekanntlich nichts heißen. Denn viele, die wie Menschen aussehen, verstehen sich überhaupt nicht, und wenn sich z. B. die Jungfrau wie eine solche verhält, ist sowieso jeder Kontakt schwierig.

Andererseits aber kann es gut sein, daß sich der Schütze mit dem Krebs versteht, obgleich diese beiden rein optisch nur wenig gemeinsam haben und sich jedermann nach ihnen umdreht. Doch was soll's: Wenn der Krebs die Leidenschaft des Schützen für Fußball und langbeinige Blondinen teilt, könnten die beiden einen regen Gedankenaustausch pflegen, wobei natürlich die Verständigung mit einem Krebs nicht immer einfach ist, besonders wenn dieser versucht, komplizierte Sätze mit den Augen auszudrücken.

Aber natürlich kann man den Tierkreis so nicht angehen — wer mit wem besonders gut kann, das hängt davon ab, wie die Eigenschaften der einzelnen Typen, für die das Tierkreiszeichen ja nur ein Symbol darstellt, miteinander harmonieren.

Nur unter diesem Aspekt sind die nachfolgenden Partnerschafts-Prognosen zu verstehen.

Schütze und Widder

Hier hat der eine die feurigen Ideen, und der andere führt sie feurig aus. Das geht von kleinen Alltäglichlichkeiten wie: Stell doch bitte mal die Heizung an!,

worauf der Widder dann schwungvoll am Griff dreht, bis zu großen Weltereignissen, wie z. B. zu einer Revolution. Hier hat der Schütze vielleicht die blitzhafte Idee, die Welt von der Existenz kratzender Pullover zu befreien, und sofort geht der Widder mit einer nichtkratzenden Fahne auf die Straße, während der Schütze zu Hause das Manifest formuliert und es anschließend durch den Weichspüler jagt, um es leichter lesbar zu machen. Denn er ist der Diplomatischere von den beiden.

Schütze und Stier

Die Interessen dieser beiden sind gegensätzlich, können sich aber erfolgreich ergänzen. Denn der Stier nimmt gern Geld ein, und der Schütze gibt es gern aus. So könnten die beiden ein Unternehmen gründen, in welchem der Stier den Schützen bezahlt, so daß dieser die gemeinsam hergestellten Erzeugnisse kaufen kann. So kommt Geld rein, das der Schütze dann gleich wieder zum Einkaufen benutzen kann. So hätten beide das Perpetuum mobile der Wirtschaft erfunden und müßten sich lediglich damit abfinden, daß sich der Gewinn am Jahresende in Grenzen hält.

Schütze und Zwilling

Beide haben gegensätzliche Hobbys, denn der Schütze sammelt Eindrücke und der Zwilling Fakten. Die Frage ist: wohin damit? Hier ein paar Tips: Eindrücke sind leicht verderblich, und so sollte man sie in ein feuchtes Tuch wickeln und in den Kühlschrank tun. Fakten dagegen sind haltbarer. Man hängt sie auf den Balkon in die frische Luft. Eindrücke genießt man, indem man sie leicht andünstet und mit einer gebackenen Kartoffel serviert. Fakten dagegen kann man so, wie sie sind, und ohne Beilagen auf den Tisch bringen. Allerdings nicht gleichzeitig, denn Eindrücke und Fakten vertragen sich nicht immer.

Schütze und Krebs

Beide können sich auf künstlerischem Gebiet verstehen, wenngleich ihre Art, die Welt zu bewältigen, recht unterschiedlich ist. Der Krebs eignet sich vor allem zum Maler seelenvoller Landschaften, die auch von Psychologen gern zu Testzwecken herangezogen werden. Der Schütze dagegen braucht bei seiner Kunstausübung die dynamische Betätigung. Und so passiert es immer wieder, daß er auf die Gemälde des Krebses mit der Axt losgeht und auf dessen erschrecktes »Warum das denn?« nur antwortet: »Ich bin Bildhauer!«

Schütze und Löwe

Beide gelten als eitel — der Schütze will den schöneren Geist haben und der Löwe die schönere Seele. Tatsächlich ist die Löwenseele sehr prachtvoll — Gold oder zumindest Chinalack, und auf jeden Fall von Cartier. Kein Wunder, daß der Löwe sie bei jeder Gelegenheit hervorholt und rumzeigt. Dagegen der Schütze-Geist: Feinnerviges Saffian-Leder von weißen Saffian-Lämmern, und an einer Seite offen für Eindrücke aller Art, so daß meist der Reißverschluß nicht mehr zugeht. Probleme kann es nur geben, wenn der Löwe die Seele höher veranschlagt und der Schütze den Geist dagegenhält. Hier sollte ein Freund vermittelnd eingreifen.

Schütze und Jungfrau

Beide können sich gut verstehen, da sie sich in ihren Grundbedürfnissen ergänzen. Der Schütze nämlich macht nichts lieber als Unordnung, und für die Jungfrau ist es das größte, aufräumen zu dürfen. So wird die Jungfrau den Schützen zum Geburtstag in ein komplett aufgeräumtes Zimmer führen und sagen: »Dies ist mein Geschenk an dich — mach Unordnung nach Herzenslust!« Worauf anschließend der Schütze das verwüstete Ergebnis mit den Worten vorführt: » Und das hier ist meine Weihnachtsgabe an dich — du darfst alles wieder schön an seinen Platz tun.« Er braucht der Jungfrau dies nur zu sagen; denn mit fieberhafter Eile beginnt sie aus der Unordnung wieder schöne, geliebte Ordnung zu machen. Und so haben beide ihre Freude.

Schütze und Waage

In dieser Verbindung ist die Waage für die Schönheit zuständig und der Schütze für den Inhalt. So möchte die Waage gern dekorative Ideen haben, wie man sie in Mailand zum knöchellangen Rock trägt. »Diese Idee«, sagt die Waage beispielsweise, »ist mir etwas zu revolutionär. Daß unser Leben eine reine Fiktion ist, die wir uns nur einbilden — das klingt ja ganz schick, aber dazu muß man sich eine helle Strähne ins Haar färben. Nein, laß dir bitte was anderes einfallen — vielleicht, daß das Leben nur ein Traum ist und das Erwachen der Tod. Das würde wenigstens gut zu hohen Absätzen passen.«

Schütze und Skorpion

Hier treffen ein Feuer- und ein Wasserzeichen aufeinander, und das bedeutet, daß es zischt, so daß immer jemand ruft: »Zieh doch einer mal den Schnellkochtopf vom Herd, ehe was passiert!« Doch tun sich die beiden nichts, da jeder die Waffe

des anderen fürchtet. Hier ist der Skorpion im Nahkampf überlegen, da er den giftigen Stachel hat, dessen Gebrauch beim Gegner Juckreiz hervorruft, so daß der sich nächtelang schlaflos im Bett wälzt. Per Distanz aber ist der Schütze im Vorteil, denn er hat einen Pfeil, den er gern in Quittengelee taucht, so daß der Skorpion ganz süß und klebrig wird und sich von Bienenschwärmen attackiert sieht.

Schütze und Schütze

Beide passen gut zusammen, vorausgesetzt, daß sie nicht das gleiche Pferd lieben. Dann nämlich treten sie in einen erbitterten Wettstreit, der aber immer edel ist. Jeder versucht mit fairen Mitteln die Zuneigung des Tieres für sich zu gewinnen, indem er beispielsweise den niedrigeren Oxer mitbringt. Hat sich das Pferd entschieden, so ist der Verlierer keineswegs nachtragend, sondern beglückwünscht den anderen und fragt, wann er sich das Pferd einmal ausleihen darf.

Schütze und Steinbock

Dem grämlichen und ernsthaften Steinbock ist der Schütze grundsätzlich zu jung, auch wenn dieser 70 oder mehr sein sollte — der Steinbock wird ihn über die Schulter ansehen und sagen: »Komm erst mal in meine Jahre!« Dies auch dann, wenn der Steinbock erst 20 ist. Das liegt alles daran, daß der Steinbock schon alt geboren wird, während der Schütze nicht alt werden kann, sondern sein Leben lang hinter 18jährigen Blondinen herschaut, was der Steinbock nicht verstehen kann. Und auch wenn beide im gleichen Jahr geboren sind — immer steht zwischen ihnen das Generationsproblem. »Trau keinem unter 90«, sagt der Steinbock, »und auch dann nicht jedem.«

Schütze und Wassermann

Der Wassermann, so die Astrologen, braucht den Anstoß, um aus seinem Ruhestand zu kommen. Hier ist der Schütze ideal: Er gibt dem Wassermann einen kräftigen Schubs, so daß dieser vom Sofa kullert und in die Nähe der Hausbar rollt. Sofort wird er dort die Anregung aufgreifen. Doch nach einer Weile wird es ihm zu langweilig, und er bittet den Schützen, ihn zum Fernseher zu stoßen. So setzt der Wassermann die Ziele, und der Schütze übernimmt die Initiative. Eine Verbindung voller Harmonie, vorausgesetzt, der Schütze rollt den Wassermann zum Schluß wieder aufs Sofa zurück.

Schütze und Fische

Vom Fisch sagt man, daß er »im seelischen Bereich an den Konturen zu verschwimmen« beginnt. Das hat zur Folge, daß ihn der Schütze immer nur undeutlich sieht, sich die Augen reibt, noch mal hinguckt und sich mit dem Gedanken trägt, eine Brille zu kaufen. Bis er darauf kommt, daß es am Fisch liegt. Dann ist der Schütze glücklich, stellt den Fisch ins Gegenlicht und erfreut sich an dem hellen Dunst, der ihn umgibt. »Das ist meine Aura«, sagt der Fisch stolz, und der Schütze antwortet: »Wie schön, ich dachte schon, es sind meine Augen.«

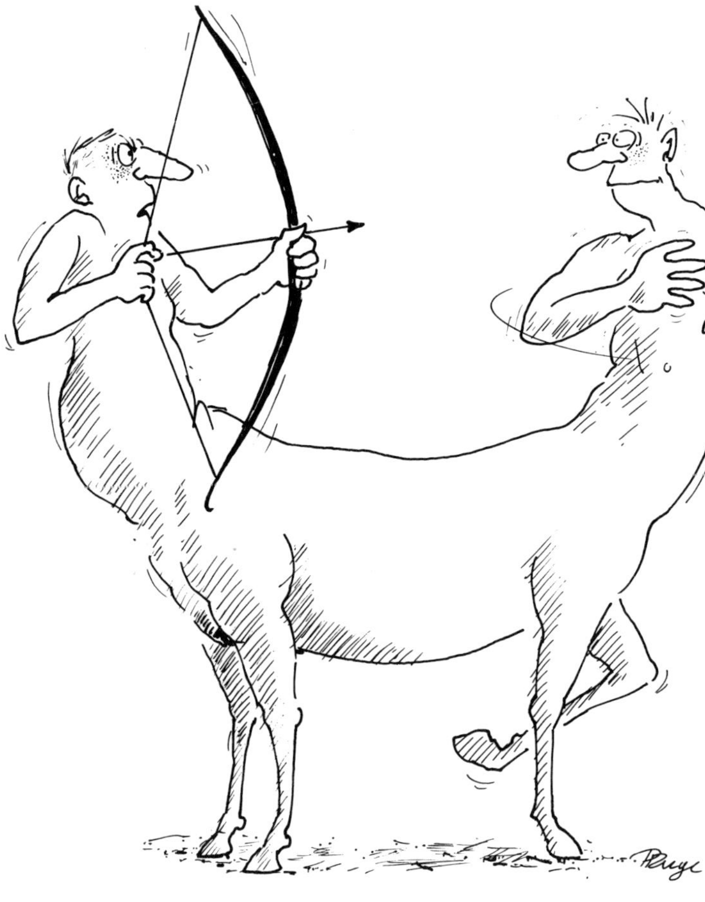

13
Schleuder oder Harfe (Der Aszendent)

Nicht jeder Schütze ist edel — mancher ist auch nur großzügig, anständig, hochherzig und fair. Und so mancher ist bei seinen Feinden nicht wegen seiner Armbrust gefürchtet, sondern wegen seines Geigenspiels.

Schuld an diesen Unterschieden ist der Aszendent. Der Aszendent ist eine Erscheinung, die bei der Geburt zwischen Ostpunkt und Ekliptik steht und für den Charakter von ausschlaggebender Bedeutung ist. Dennoch macht keiner der Anwesenden den Neugeborenen auf diesen wichtigen Aszendenten aufmerksam. Vielmehr hat jede der Schwestern nur Augen für die geschickten Hände des Gynäkologen und achtet weder auf Ostpunkt noch auf Ekliptik, sondern ist damit beschäftigt, sich vorzustellen, wie diese Hände ihr vorm Kamin übers Haar streichen, während die sonore Stimme sagt: »Zerbrich dir darüber nicht dein hübsches Köpfchen, du Dummerchen!« Alleingelassen und ohne Kenntnis seines Aszendenten wird der Mensch so in die absolute Freiheit des Daseins geworfen — Existentialismus in der brutalsten Form.

Wer bei seiner Geburt vorsichtiger war und einen Astrologen hinzugezogen hat, der sich nicht ablenken ließ, der ist jetzt fein raus — er kennt seinen Aszendenten, weiß, was er für einen Charakter hat, und das Leben kann ihm in dieser Hinsicht keine Überraschungen mehr bieten.

Wenn auch Sie zu den Glücklichen gehören, die ihren Aszendenten kennen, dann sagen wir Ihnen hier, was das im einzelnen zu bedeuten hat.

Schütze, Asz. Widder

Durch die Bündelung von Energie ist dieser Mensch in der Lage, einen Safe allein mit seinem ausgestreckten Zeigefinger aufzuschmelzen. Und aufgrund seines inneren Feuers, dessen Flammenhöhe auf zwei Meter zehn geschätzt wird, ist er ständig auf der Suche nach Auseinandersetzungen. Besonders sensibel ist sein Rechtsgefühl, und es war ein solcher Schütze, der vom Postminister wissen wollte, wieso die Briefmarke mit Georg Friedrich Händel nur 60 Pf. kostet, während die mit Johann Sebastian Bach einen Wert von 80 Pf. repräsentiert. »Weshalb Händel nur für Postkarten, Bach aber für Standard-Briefe? Ist der Messias vielleicht weniger wert als die h-moll-Messe?« Eine Antwort aus Bonn steht noch aus.

Schütze, Asz. Stier

Hier haben wir eine Kombination von Idealismus und Materialismus. Während der Materalist in diesem Menschen fordert: Mehr Geld!, besteht der Idealist auf mehr Freizeit.

Beides zusammen bedeutet: Aufkündigung aller bestehenden Tarifverträge und erbitterte Schlachten an der Streikfront. Doch hat diese Verbindung auch Vorteile: Während der idealistische Teil das Paradies für den Werktätigen anstrebt, will es der materialistische erst mal ausprobieren und steigt zu Konferenzen grundsätzlich im Vier Jahreszeiten ab.

Schütze, Asz. Zwilling

Diese drei verstehen sich ausgezeichnet und können stundenlang miteinander diskutieren. Man setze diesen Menschen vor ein Fernsehgerät und biete ihm eine deftige Unterhaltung 5 nach 10, und sofort wird er sich an der geistigen Auseinandersetzung beteiligen. Schon wenig später sieht man, wie die Diskutanten auf dem Bildschirm nervös werden, den Faden verlieren und sich zum Schluß ganz dem Zwillings-Schützen zuwenden. Schwierigkeiten hat nur der Moderator: Er muß auf pünktlicher Einhaltung der Sendezeit bestehen und dringt damit nicht durch.

Schütze, Asz. Krebs

Hier haben wir es mit einem fröhlichen Pessimisten zu tun, dessen Wahlspruch lautet: »Mal ist man unten, mal geht's bergab«. Nichts irritiert ihn mehr, als wenn er Glück hat, doch ist er dann nie lange vernichtend am Boden, sondern gewinnt rasch seinen Lebensmut wieder. Es gibt Beispiele, wo ein solcher Mensch sogar einen Lottogewinn gut überstanden hat, einfach indem er sich sagte, daß man halt alles hinnehmen muß, wie das Schicksal es fügt. »Es steht uns nicht an, wegen eines Millionengewinns zu rechten«, meint er dann, »und wenn man wie ich so oft Pech hatte, dann wird man auch über einen solchen Schlag hinwegkommen.«

Schütze, Asz. Löwe

Hier haben wir es mit einem echten Schützenkönig zu tun, der nur auf freilebende Hermeline anlegt, in seiner großen Güte aber grundsätzlich vorbeischießt, um das edle Wild zu schonen. Später dann, nach dem Halali am Lagerfeuer, ist er einer der Ausgelassensten, singt zur elektrischen Gitarre oder bläst auf seiner Krone den Jägerchor aus dem Freischütz und verteilt großzügig Prinzessinnen an die Treiber. Nach Mitternacht gerät er dann in exzessive Stimmung, wirft sein Brokat-Oberteil ab und tanzt mit einer Königin-Pastete bis in den frühen Morgen. Trotzdem ist immer etwas Unnahbar-Vornehmes um ihn, besonders bei leichtem Regen.

Schütze, Asz. Jungfrau

Wie alle Jungfrau-Beeinflußten hat auch dieser Mensch viel von einem Uhrmacher. Da er immer unterwegs ist — heute das Flugzeug, morgen das Schnellboot, übermorgen die Interkontinentalrakete —, braucht er einerseits immer die genaue Zeit, andererseits aber hat er gar keine, um immer auf die Uhr zu schauen. So hat er das kleine Telefon fürs Handgelenk erfunden: so muß er nicht lange auf die Uhr schauen, sondern er wählt blitzschnell die telefonische Zeitansage — und schon weiß er, um wieviel Minuten er sich am Flughafen verspätet hat.

etwas nicht paßt, paßt es ihm. Hat man diese Sprachregelung einmal begriffen, ist er ein umgänglicher Charakter.

Schütze, Asz. Steinbock

Hier haben wir es mit einem ehrgeizigen Gipfelstürmer zu tun, der allerdings den konventionellen Weg, also mit Seilschaft und Pickel, verschmäht und statt dessen den Berg zu Pferd erklimmt. Dabei nimmt er das Pferd hart ran und wird nur an einer überhängenden Wand absteigen, um es am Zügel zu führen. Schwierig wird es in einem sogenannten »Kamin«. Denn hier muß sich der Reiter mit beiden Händen über seinem Kopf abstützen, während das Pferd sich mit aller Kraft gegen die andere Wand stemmt. Jedenfalls sind hier viel Hartnäckigkeit, viel Kühnheit und »viele Zuckerstückchen« nötig, um den Gipfel zu erreichen.

Schütze, Asz. Wassermann

Dieser Mensch ist für absolute Offenheit, denn der Wassermann in ihm ist für offene Türen und Fenster, und der Schütze schätzt das offene Wort. »Wir sollten diese Frage ruhig noch offen lassen«, meint er, denn allein die Vorstellung einer geschlossenen Frage bereitet ihm Unbehagen. Auch ist er »offen für alle Wünsche in dieser Richtung«, und von allen

Erkenntnissen sind ihm Offenbarungen am liebsten. Freunde fürchten ihn, denn jede Mitteilung, die er ihnen macht, veröffentlicht er als Offenen Brief in der Tageszeitung — nicht immer angenehm bei seiner Offenheit!

Schütze, Asz. Fische

Dieser Mensch wird zwischen Gefühl und Gefühllosigkeit hin- und hergerissen. Das ist gar nicht so einfach, denn wann weiß man, ob es sich um »böse« Gefühle handelt oder um überhaupt keine? Also: Wenn ich den armen Betrüger an der Haustür wegschicke — handelt es sich dann um Gefühlskälte, also um durchaus vorhandene, aber eiskalte Gefühle, oder muß man hier von einer Abwesenheit aller Gefühle sprechen, und wir haben es dann mit der reinen Gefühllosigkeit zu tun? Vor diesem Problem steht er immer wieder, möchte aber, wenn schon, lieber gefühlskalt sein als gefühllos. Oder umgekehrt?

14
Der Schütze und sein neuntes Haus

Die meisten glauben, in der Astrologie sei es mit dem Tierkreiszeichen getan, und wenn man noch um den Aszendenten wisse, könne man alle Leser normaler Tageszeitungs-Horoskope von oben herab behandeln. Doch von wegen! Wichtig nämlich zur exakten Persönlichkeits- und Schicksalsbestimmung sind vor allem auch die Häuser. Zwölf gibt es insgesamt — und welcher Planet steht nun wo? Das ist die Frage, die sich der Astrologe immer wieder vorlegen muß.

Wer also sein Horoskop anschaut, der muß um diese Häuser wissen. Sonst kann er sich z. B. nicht erklären, weshalb er selbst im Lotto immerzu danebenhaut, während der Nachbar regelmäßig seine Millionen abkassiert — und das, obwohl er weder intelligent ist noch gut aussieht. Das hat zwar den Nachteil, daß Sie sich zunächst mal so viele Bücher dieser Reihe kaufen müssen, wie es Häuser im Horoskop gibt, nämlich zwölf, aber diese Ausgabe ist nur ein Klacks, verglichen mit dem Lottogewinn, den man dann gezielt ertippen kann.

Dem Schützen gehört das neunte Haus. Es ist ein veränderliches Feuerhaus, was in der Definition der Astrologen bedeutet: Wenn es zu brennen anfängt, sieht es wesentlich anders aus als nach zwei Stunden, wenn die Feuerwehr kommt. Es repräsentiert Geist und Weltanschauung, also zwei Dinge, die durchaus nichts miteinander zu tun haben müssen, so daß hier interessante Spannungen entstehen.

Wechselnde Weltanschauung

Sehen wir jetzt, was mit dem Bewohner dieses neunten Hauses geschieht, wenn sich welcher Planet gerade darin aufhält.

Mit der Sonne im neunten Haus hat der Bewohner immer mehrere Weltanschauungen zum Wechseln. An heißen Tagen trägt er gern einen leichten, unverbindlichen Pantheismus, in der Übergangszeit bevorzugt er einen auffallenden Strukturalismus, hochgeschlossen natürlich, und wenn es so richtig Frost hat, zieht er sich einen dicken, kuscheligen dialektischen Materialismus über, wo man »so schön die Hände in die Taschen stecken kann.«

Mit dem Mond im neunten Haus ist der Bewohner vor allem an der Erweiterung seines Gesichtskreises interessiert. Er wird ihn also abends etwas anfeuchten und über Nacht anbehalten. So gelingt es ihm, den Gesichtskreis bis zum Morgen um zwei bis drei Zentimeter zu dehnen, so daß er viel besser in der Lage ist, den Leitartikel zu verstehen.

Merkur im neunten Haus macht den Bewohner sprachbegabt, besonders wenn er im Abonnement geliefert wird. Wurde das Abonnement an der Haustür abgeschlossen, dann deshalb, weil der Bewohner zu dieser Zeit noch nicht sprachbegabt genug war. Doch beim nächsten Mal weiß er sich dann schon bedeutend besser zu helfen und ist durchaus in der Lage, das Wort »Nein« auszusprechen.

Verletzbare Seele

Mit Venus im neunten Haus ist der Bewohner ein Schön-Geist, der als weiße Gestalt stundenlang vor dem Spiegel steht, um sich zu kämmen oder mit mildem Gesichtswasser seinen Hautunreinheiten zu Leibe zu gehen. Wenn man ihn dabei anruft, erschrickt er und läßt mit donnerndem Gepolter sein Kleenex-Tuch zu Boden fallen.

Mars im neunten Haus macht den Bewohner vor allem zu einem kämpferischen Geist, und in dieser Rolle sieht er sich gern »als Widersacher der Seele«.

Da die Seele viel sanfter und verletzbarer ist, hat er leichtes Spiel mit ihr, und nach besonders rüden Auseinandersetzungen kann es sogar sein, daß er ihr die Schuhe zum Putzen hinstellt.

Jupiter, der im neunten Haus sowieso das Sagen hat, versteht sich gut mit dem Bewohner und bewahrt ihn vor Ungemach. Beispielsweise davor, daß ihm ein Weltbild herunterfällt, wenn er mal wieder ein neues in den Wechselrahmen gibt. Auch achtet er darauf, daß die einzelnen Weltbilder, wenn es sich um Fotos handelt, mit der Zeit keinen Gelbstich bekommen. Obwohl er, wie er sagt, als Planet fürs Fixieren gar nicht zuständig ist.

Mit Saturn im neunten Haus neigt der Bewohner zur Ernsthaftigkeit und zur Beschäftigung mit bedeutender Literatur. Dies liegt daran, daß der Saturn-Ring hier die Funktion eines Leserings hat. So packte der Bewohner seine Weltanschauungen gern in braunes Leder mit Goldschrift und stellt sie ordentlich ins Regal, natürlich in alphabetischer Reihenfolge — von Abbildtheorie bis Zynismus.

Keine Strafzettel mehr

Mit Uranus im neunten Haus hat der Bewohner philosophische Neigungen mit einem Hang zur Originalität. So wird er z. B. behaupten, daß es sich bei den kleinsten Bausteinen der Materie um winzige Pfefferminzbonbons handelt, daß die Menschheit glücklicher wäre, wenn man Strafzettel zu Pflugscharen umschmelzen würde, und daß sich das Paradies in einem Vorort von Zürich befindet.

Neptun im neunten Haus macht den Bewohner zu einem Tagträumer, der alles Sichtbare für ein Produkt seiner Fantasie hält. So begrüßt er einen Bekannten gern mit den Worten: »Komisch, daß Sie mir so real im Traum erscheinen, wo Sie doch schon lange tot sind!« Oder auch: »Was wird wohl mein Analytiker sagen, daß Sie mir im Traum mit einem aufgespannten Regenschirm erscheinen — habe ich vielleicht Lebensangst?«

Pluto im neunten Haus bedeutet, daß der Bewohner ein reformerischer Geist ist, der sich besonders in der Philosophie betätigt. So versucht er z. B. Kant zu reformieren, indem er ihm den kategorischen Imperativ wegnimmt und durch die ewige Wiederkunft ersetzt. Oder er billigt der Schopenhauerschen Welt zwar den Willen zu, untersagt aber die Vorstellung und läßt die Bühne von Gegnern der Startbahn West besetzen.

Soviel also zum neunten Haus. Zwölf, wie gesagt, gibt es insgesamt, und im nächsten Buch kommt also das zehnte an die Reihe. Es gehört einem Mann, der hartnäckig Unkraut rupft und daraus einen herzhaften Tee kocht, der ihn in Sekunden um Jahre altern läßt. Wenn Sie mehr über ihn wissen wollen, müssen Sie sich das nächste Buch kaufen — es handelt vom Steinbock.

15 Noch mehr berühmte Schützen

Benz, Carl — 25.11.1844: Schöpfer des Kraftstoffs. Benzens Erfindung kam keine Sekunde zu früh: Gerade hatte sein Freund Daimler das Auto erfunden, und das konnte nur fahren, wenn es betankt war. An diesem entscheidenden Punkt wäre also Daimlers großartige Tat ums Haar gescheitert, denn das Auto hätte niemals seinen weltweiten Siegeszug antreten können, wäre nicht zur gleichen Zeit das nach Benz benannte Benzin entdeckt worden. Benz fand es, indem er Salatöl bis zu 170mal durch den Fleischwolf drehte — eine Methode, die seine Frau »raffiniert« nannte, was Anstoß zu dem Wort »Raffinerie« gab. (Daß Benz hinterher die Reste in den Limo-Flaschen abfackeln wollte und dabei ums Haar das Haus angezündet hätte, ist eine andere Geschichte.)

Carnegie, Andrew — 25.11.1835: Amerikanischer Erfinder des Nachklangs. Carnegie fand, daß Töne »plastischer« wirken, wenn sie noch eine gewisse Weile nachschwingen und ganz allmählich abklingen. Diese Entdeckung wird vor allem angewendet, wenn der Nachbar am Sonntagmorgen um acht Nägel in die Wand schlägt oder mit der Bohrmaschine arbeitet. In all diesen Fällen kann man den berühmten »Carnegie-Hall« am reinsten erleben.

Hauff, Wilhelm — 29.11.1802: Erfinder der guten Ausrede. Hauffs Entdeckung beruht auf der Beobachtung, daß zur Unzeit heimkommende Ehemän-

ner in aller Regel Fragen ausgesetzt sind, die zu Unstimmigkeiten führen, wenn man sie ehrlich beantwortet, z. B. mit: Ich war bei meiner Freundin. Hauff wählte erstmals den Weg der »erfundenen Erklärung«, indem er seine verspätete Heimkehr damit entschuldigte, daß man ihn »in einen Storch verwandelt» habe und er nicht rechtzeitig auf das erlösende Wort *Mutabor* gekommen sei. Ein anderes Mal behauptete er, einer alten Frau Kohlköpfe nach Hause getragen zu haben und dort für längere Zeit, als Eichhörnchen verwandelt, im Küchendienst tätig gewesen zu sein. Oder er war angeblich bei einem Geldgeber, einem Holländer namens Michel usw. Hauff fand damit eine ganz neue Methode der Selbstverteidigung für Ehemänner, und seine gesammelten Ausreden sind unter dem Titel »Hauffs Märchen« ein großer Erfolg geworden. Noch heute antworten Ehefrauen auf die Erklärungen ihrer Männer: »Erzähl mir nur keine Märchen!«

Heine, Heinrich — 13.12.1797: Erster deutscher Filmkritiker, der bei der Analyse eines Werkes von Alexander Kluge die berühmten Worten sprach: »Ich weiß nicht, was soll das bedeuten!« und daraufhin von der Lobby des deutschen Autorenkinos nach Paris vertrieben wurde. Seinen ebenfalls bekannten Ausspruch: »Denk ich an Deutschland in der Nacht, so bin ich um den Schlaf gebracht« soll allerdings nicht den Erzeugnissen der deutschen Filmindustrie, sondern den Serien des Fernsehens gegolten haben.

Jürgens, Curd — 13.12.1915: Weltbekannter Filmschauspieler und Schlagerstar, der vor allem mit seinem Lied »17 Jahre und kein bißchen weiß« viel Erfolg hatte. Er festigte seinen Ruhm mit dem Trinklied »Merci, Sherry« (denn Jürgens war lebensfroh) und gewann mit seinem — später auch verfilmten — Welthit »Des Teufels General hat den Schnaps gemacht« den Grand Prix d'Eurovision.

Swift, Jonathan — 30.11.1667: Irischer Arzt und Rheumatologe. Behandelte Gelenkerkrankungen mit dem von ihm erfundenen Einreibemittel Liliput, das »die Schmerzen kleiner macht«. Swifts Hauptwerk ist eine ausführliche Studie über seinen bekanntesten Patienten und unter dem Titel »Gullivers Reißen« auch bei uns bekannt.

Wichtige Begriffe und Namen

ASTRO-LOGISCHES

von Günter Stein

Je 128 Seiten mit zahlreichen Illustrationen bekannter Karikaturisten

I♥ . . .

Widder	*Waagen*
Stiere	*Skorpione*
Zwillinge	*Schützen*
Krebse	*Steinböcke*
Löwen	*Wassermänner*
Jungfrauen	*Fische*

Günter Stein gelingt es mit jedem Band von neuem, dem Thema Astrologie andere überraschende Seiten abzugewinnen.
Kongeniale Illustrationen lassen jedes einzelne Buch zu einem kleinen Meisterwerk werden.

TOMUS VERLAG MÜNCHEN